产品战略规划

PRODUCT
STRATEGY PLANNING

张甲华◎著

清华大学出版社

北　京

本书封面贴有清华大学出版社防伪标签，无标签者不得销售。
版权所有，侵权必究。举报：010-62782989，beiqinquan@tup.tsinghua.edu.cn。

图书在版编目(CIP)数据

产品战略规划 / 张甲华 著. —北京：清华大学出版社，2014 (2024.10 重印)
ISBN 978-7-302-36132-9

Ⅰ. ①产… Ⅱ. ①张… Ⅲ. ①企业管理—产品管理—企业战略 Ⅳ. ①F273.2

中国版本图书馆 CIP 数据核字(2014)第 069721 号

责任编辑：张　颖　高晓晴
封面设计：马筱琨
版式设计：方加青
责任校对：邱晓玉
责任印制：宋　林

出版发行：清华大学出版社
　　　网　　　址：https://www.tup.com.cn, https://www.wqxuetang.com
　　　地　　　址：北京清华大学学研大厦 A 座　　邮　　编：100084
　　　社 总 机：010-83470000　　　　　　　　　邮　　购：010-62786544
　　　投稿与读者服务：010-62776969，c-service@tup.tsinghua.edu.cn
　　　质 量 反 馈：010-62772015，zhiliang@tup.tsinghua.edu.cn
印 装 者：天津安泰印刷有限公司
经　　销：全国新华书店
开　　本：170mm×240mm　　　　印　张：17　　　字　数：224 千字
版　　次：2014 年 5 月第 1 版　　　印　次：2024 年 10 月第 13 次印刷
定　　价：49.80 元

产品编号：057888-02

前言

在助理田涛的协助下，经过近一年的努力，沉睡在我案头6年的产品战略规划书稿终于得以出版，她蕴含着我多年的市场营销经验与对战略管理咨询的思考，希望能够给予企业经营者以启迪。

产品战略规划是确定"做正确的事"，是公司战略落实到产品战略上的具体体现，是确立公司某一个时间段应该"聚焦"哪些产品/区域/渠道、"重点突破"哪些产品/区域/渠道、"布局"哪些产品/区域/渠道，公司产品如何组合，如何进行产品定位，不同发展阶段应该采取何种营销策略等等，不断优化产品结构，持续提升企业竞争力。

区域产品规划是指导产品销售团队如何去"正确的做事"。产品规划正确了，销售人员做事才会最大程度地产出成果；产品规划错误了，营销团队所做的将会事倍功半。做正确的事比正确地做事在市场竞争激烈、客户需求多变的时代显得更为重要。产品战略规划就像一幅作战地图，有好的方向才能夺取一个又一个的堡垒直至赢得最后的胜利；如果作战地图出现战略失误，无论我们如何的骁勇善战，都有可能全军覆没。

  本书以理论联系实际，结合大量案例，重点讲解市场细分方法与步骤、市场需求收集与分析方法、产品战略定位分析(SPAN)、产品竞争力分析、产品排序方法、"7、2、1"原则等，以及如何进行公司与各销售区域的产品战略评估与规划，使学员在实战演练与方法讲解中深刻领悟如何才能"做正确的事"。

  通过产品战略规划，分析与评估企业关键成功要素和产品结构，帮助企业明确优势业务或产品领域，明确公司级产品发展方向与产品线战略；通过区域产品战略规划，分析与规划区域的营销组合和产品组合，合理利用公司与区域资源，分解区域的销售目标，建立科学的绩效考核机制，确保公司战略目标的实现。

  因此，要实现产品在市场上的持续成功，产品战略规划工作至关重要，这是每一个公司高层、市场部经理、营销主管、产品经理和研发主管应该关注和思考的问题。

作者

2014年3月

目录

第1章 产品战略规划概述 · 1

  1.1 产品是企业健康发展的基石 …………………… 2
  1.2 产品战略规划的框架 ……………………………… 7
      1.2.1 产品战略规划 ………………………………… 9
      1.2.2 区域产品规划 ………………………………… 10
  1.3 企业产品规划中的常见问题 …………………… 12

第2章 产品战略规划理论基础 · 17

  2.1 产品市场细分 ……………………………………… 18
      2.1.1 产品市场细分概念与基础 ………………… 19
      2.1.2 产品市场细分的作用 ……………………… 20
      2.1.3 产品市场细分原则 ………………………… 21
      2.1.4 产品市场细分依据 ………………………… 23
      2.1.5 产品市场细分流程 ………………………… 29
  2.2 产品线划分 ………………………………………… 33
      2.2.1 产品线概述 …………………………………… 33
      2.2.2 产品线划分 …………………………………… 37

2.2.3 产品线划分实例·················37
2.3 战略定位分析·······················39
    2.3.1 战略定位分析概述···········39
    2.3.2 市场吸引力的评估···········41
    2.3.3 市场竞争地位评估···········48
    2.3.4 SPAN图分析···················51
2.4 产品竞争力··························55
    2.4.1 产品竞争力概述···············55
    2.4.2 客户需求$APPEALS模型·····56
    2.4.3 客户需求$APPEALS模型使用方法···58
2.5 产品排序······························61
    2.5.1 产品排序概述···················61
    2.5.2 产品排序方法···················62
    2.5.3 产品排序步骤···················65
2.6 "7、2、1"原则······················68
    2.6.1 "7、2、1"原则·················68
    2.6.2 "7、2、1"原则的作用········70
    2.6.3 "7、2、1"原则的使用方法···71

第3章 公司级产品战略规划·73

3.1 公司级产品战略规划概述············74
    3.1.1 公司级产品战略规划内容······75
    3.1.2 公司级产品战略规划流程······75
    3.1.3 公司级产品战略规划作用······77
3.2 公司级产品分析·······················78
    3.2.1 产品市场分析····················78

  　　3.2.2 产品竞争分析 ·· 89
  　　3.2.3 产品结构分析 ·· 99
  　　3.2.4 产品销售区域分析 ·· 109
  　　3.2.5 产品销售渠道分析 ·· 116
3.3 公司级产品战略目标 ··· 121
  　　3.3.1 公司愿景 ·· 121
  　　3.3.2 公司产品战略目标 ·· 122
  　　3.3.3 公司产品战略目标细化 ······································ 124
3.4 公司级产品战略规划 ··· 132
  　　3.4.1 产品线规划 ··· 132
  　　3.4.2 销售区域规划 ·· 140
  　　3.4.3 销售渠道规划 ·· 144

第4章 产品线战略规划 · 149

4.1 产品线战略规划概述 ··· 150
  　　4.1.1 产品线战略规划内容 ··· 151
  　　4.1.2 产品线战略规划流程 ··· 151
  　　4.1.3 产品线战略规划作用 ··· 152
4.2 产品线市场环境分析 ··· 154
  　　4.2.1 产品线的细分市场 ·· 154
  　　4.2.2 产品线竞争分析 ··· 159
4.3 产品线结构分析 ··· 164
  　　4.3.1 产品排序 ·· 164
  　　4.3.2 产品线的SPAN ·· 167
  　　4.3.3 产品之间的关系 ··· 168
4.4 产品线战略规划 ··· 171

4.4.1　产品线结构规划…………………………………171
　　4.4.2　产品线区域规划…………………………………179
　　4.4.3　产品线渠道规划…………………………………180

第5章　主要产品发展规划·183

5.1　产品发展规划概述……………………………………184
　　5.1.1　产品发展规划内容…………………………………185
　　5.1.2　产品发展规划流程…………………………………185
　　5.1.3　产品发展规划作用…………………………………186
5.2　产品市场分析…………………………………………188
　　5.2.1　产品发展状况………………………………………188
　　5.2.2　产品市场吸引力……………………………………191
　　5.2.3　目标客户群分析……………………………………193
　　5.2.4　销售区域/渠道分析…………………………………196
5.3　产品竞争分析…………………………………………199
　　5.3.1　产品的竞争力………………………………………199
　　5.3.2　产品竞争定位………………………………………202
5.4　产品发展规划…………………………………………207
　　5.4.1　产品定位……………………………………………207
　　5.4.2　产品区域规划………………………………………213
　　5.4.3　产品渠道规划………………………………………215
5.5　新产品管理……………………………………………218
　　5.5.1　产品需求管理………………………………………218
　　5.5.2　产品路标规划………………………………………220
　　5.5.3　产品商业模式………………………………………224
　　5.5.4　产品开发流程………………………………………228

第6章 区域产品战略规划·231

- 6.1 区域产品战略规划概述……………………………………232
  - 6.1.1 区域产品战略规划内容……………………………233
  - 6.1.2 区域产品战略规划流程……………………………234
  - 6.1.3 区域产品战略规划作用……………………………235
- 6.2 区域产品市场环境分析……………………………………236
  - 6.2.1 区域产品市场分析…………………………………236
  - 6.2.2 区域产品竞争分析…………………………………238
- 6.3 区域产品诊断………………………………………………240
  - 6.3.1 区域产品与公司产品匹配关系……………………240
  - 6.3.2 区域产品战略定位…………………………………243
  - 6.3.3 产品之间的关系……………………………………244
- 6.4 区域产品规划………………………………………………246
  - 6.4.1 区域内"7、2、1"规划……………………………246
  - 6.4.2 区域目标细化………………………………………251
- 6.5 区域战略绩效管理…………………………………………253
  - 6.5.1 区域战略绩效概述…………………………………253
  - 6.5.2 区域战略绩效内容设计……………………………254
  - 6.5.3 区域战略绩效框架…………………………………255

- 参考文献……………………………………………………………259

| 第1章 |

产品战略规划概述

1.1 产品是企业健康发展的基石

俗话说，万丈高楼平地起。无论是多高的楼房，都要打好地基。企业竞争靠的是品牌，但是实现品牌化这一战略目标，企业必须以优质的产品为基石。

有了好的产品才能赢得客户的认可，有了好的产品质量才有好的信誉，有了好的信誉才有好的发展，有了好的发展才有好的效益，有了好的效益才有好的生活，有了好的生活才有好的工作动力，有了好的工作动力才有好的产品，这就是良性循环的过程。然而，我们也经常看到，在市场竞争中，一些品牌和企业，包括红极一时的"标王"品牌，正是因为产品出了问题，特别是产品质量出了问题，才栽了跟头，从此一蹶不振，甚至销声匿迹。东芝笔记本的小问题导致其在美国赔偿10亿美元；福特公司凡士通轮胎问题，也使企业尝到巨额亏损的滋味；可口可乐一度在比利时和法国遭禁销；三鹿奶粉的"三氯氰胺"事件，使得几十年的企业倒闭，都是产品质量使然。

产品是企业的生命，产品是企业健康发展的基石，是企业与代理商、经销商以及消费者沟通的桥梁。产品，一个至关重要的经济要素，通过产品与货币的交换赚取利润，承载着众多企业家的梦想。可见产品是一个企业发展的命脉。企业是否有好的产品，产品能否适应市场的发展和需要，是决定企业得到持续发展的核心动力。产品不仅要适应市场，还要引领市场，企业要有超前意识，按市场发展趋势不断开发新产品。

"爱迪塞尔"和"野马"对福特的不同贡献

在历史上,福特汽车公司的业绩曾因产品问题而出现过巨大的起伏。在20世纪50年代末,福特汽车公司开发了一款新型车"爱迪塞尔",希望以该车打开中档车市场,但结果却未能如愿,而是一败涂地。然而,时隔5年之后,福特公司生产的新型车"野马"却获得了惊人的成功。

"爱迪塞尔"——败笔之作

"爱迪塞尔"是福特汽车公司生产的中档车,1957年9月投入市场。通常美国汽车制造商都是在10月份才推出下一年度将上市的新车,福特汽车公司提前1个月推出"爱迪塞尔",目的在于抢先引起顾客的关注,免得顾客在10月份的众多新车中挑花了眼。福特汽车公司为"爱迪塞尔"制订了一个目标:1958年达到3.3%~3.5%的汽车市场占有率,即每年应售出20万辆左右。但是公司主管们认为这个估计过于保守,他们觉得这款新车的年销量肯定大大超过20万辆。为了"爱迪塞尔"的问世,福特汽车公司已经进行了长达10年的准备和研究。对福特汽车公司而言,它太需要像"爱迪塞尔"这样的中档车了。

经过精心策划,"爱迪塞尔"于1957年的9月4日正式面世。第一天,就收到了6 500份订单。这是比较令人满意的,但也出现一些不太妙的兆头。一位同时经销"爱迪塞尔"和"别克"的经销商声称:有一些顾客看了"爱迪塞尔"后却当场买了"别克"。在以后的几天里,销量急剧下降。10月份的前10天仅售出2 751辆,平均每天不足300辆。而根据最低20万辆的年销售量估算,每天应售出600~700辆。在整个1958年,仅售出34 481辆，还不到原计划的五分之一。

1958年12月，福特公司又推出了"爱迪塞尔"第二代。新一代"爱迪塞尔"小一些、轻一些，马力也小一些，售价比第一代低500～800美元。这次情况稍好。

不久以后，"爱迪塞尔"分部并入了"林肯—麦库里—爱迪塞尔"分部。1959年10月中旬，"爱迪塞尔"第三代上市，但市场反应冷淡，终于在1959年11月19日，"爱迪塞尔"停产了，整个计划以失败而告终。在1957—1960年期间，福特汽车公司仅售出109 466辆"爱迪塞尔"，损失巨大。

"野马"——起死回生之作

在"爱迪塞尔"停产后仅4年多，福特汽车公司于1964年4月17日又推出了"野马"。"野马"成为美国汽车工业史上最成功的新车型之一。

"野马"问世时美国汽车工业的发展现状

20世纪60年代初期，美国人开始意识到，汽车既是成熟的标志，又是显示成熟的方式。因此，年轻人对汽车有着天然的迷恋。汽车制造商和经销商们均察觉到：15～24岁的年轻人正在组成一个生机勃勃且不断扩大的市场。人口调查表明，到1970年，美国20～24岁的人口将增加54%，而15～19岁的人口将增加41%。年轻人口的增长速度大大高于美国总人口的增长速度。

"野马"产品开发

汽车推销员出身的艾柯卡，对顾客需求有着惊人的敏感度。他建议福特汽车公司迅速迎合年轻人的市场，开发具有运动型跑车外观的新车型。

艾柯卡提出的意见是：新车价格不仅中等收入的人可以轻易负担，而且低收入的年轻人也可以承受。此外，这种新车还必须有后座和后备箱，借以满足小家庭的需要。如果有可能的话，这种新车还要力争成为准备购买第二辆汽车的家庭的首选车型。

当年，福特"爱迪塞尔"的开发工作耗资 2 亿美元，市场调查历时 10 年之久。而如今福特推出的这款新车只用了 6 500 万美元的开发费用。这主要是因为这款新车在许多方面采取了"拿来主义"，它是福特汽车公司许多成熟技术的混合体，例如，它的六缸发动机和传动装置就直接照搬Falcon型车。除了外形设计有一些开销外，这款新车最大的研发费用是用来设计悬架防震系统。

为了提高新型车对顾客的吸引力，满足不同档次顾客的需求，艾柯卡特别为它准备了多种可选配置，从而使顾客尽可能地在基本车型上演变出更符合个人偏好的个性化来。仅传动器一项，顾客就可以有3种选择：自动挡、四挡、三挡。此外，行李架、方向助力系统、刹车碟、空调、转速表、时钟等也均为选配件。为了迅速抢占市场并吸引年轻人，这种新型车的基本配置型售价仅为2 368美元。

福特汽车公司从上千个征名中选出小野马、美洲豹、美洲狮、雄驹、野马、猎豹等6个名字。最后，"野马"成为新型车的车名。这是美国空军在第二次世界大战中服役的著名战斗机的名字，艾柯卡认为它"给人带来天高地远的激情，而且是地地道道的美国味儿"。

"野马"火了。1964年4月17日，福特的经销商们正式将"野马"介绍给顾客们。顾客的热烈反应令经销商们大喜过望，同时又措手不及。有一位经销商不得不紧锁展销室的大门，以防门外拥挤的顾客挤坏室内的设施。"野马"上市不足一周，就有400多万名顾客光顾了经销商的展厅。

福特汽车公司原来预计，"野马"第一年的销量为7.5万辆。但现在看来，第一年就突破了20万辆。于是，福特公司新建了第二条"野马"生产线，使该车的年产量达到36万辆。但这仍未能满足市场需求，第三条"野马"生产线又上马了。

绝大多数购买"野马"的顾客都从长长的选购订单中按自己的喜好为"野马"车选配了附加装置，平均下来每位顾客在购买"野马"车时为选配件花费了1 000美元。"野马"问世的头两年中，福特汽车公司从该车上赚取了11亿美元的利润。

1.2 > 产品战略规划的框架

产品开发出来以后，并不是万事大吉了。刚刚开发的新产品，就像一棵小树苗，还要进行培土、施肥、浇灌、修剪等呵护，才能长成苍天大树；否则，任其自然成长，不管不顾，即使是一棵品种优良的树苗，也可能因大风、缺水、阳光等问题而夭折或因没有园丁的修剪而没能成材。所以对现有产品需要进行系统分析，根据其成长阶段、市场吸引力、竞争地位等进行产品战略定位、战略角色规划等，即公司需要对现有产品进行系统的战略规划。

产品战略是企业对其所生产与经营的产品进行的全局性谋划。它与市场战略密切相关，也是企业经营战略的重要基础。产品战略是否正确，直接关系企业的胜败兴衰和生死存亡。

本书将从公司级产品、产品线、主要产品和区域产品规划四个层面进行产品战略规划，包括它们的总体框架、方法、工具与规划流程，以及产品战略与区域规划之间的平衡、匹配，从而制订适合市场环境的营销策略，持续提升公司的竞争力。

结合愿景与目标，规划公司产品战略就像建设一栋大厦，愿景与目标是房屋的屋顶和整体风格，产品线规划和区域规划是房屋的架构，主要产品规划是房屋的墙砖，战略规划的各类方法/工具是房屋的地基。具体介绍如下。

产品战略规划

第一部分：公司级产品战略规划(图1-1产品战略规划框架中房顶部分)，主要包括公司的愿景、使命与目标，公司级产品战略规划。

第二部分：产品线/区域产品战略规划(产品战略框架的中间部分)，包括多个产品线的战略规划和各区域产品规划两部分。

第三部分：产品战略基础(产品战略规划框架的地基部分)，包括产品市场细分原则、产品排序、产品吸引力和竞争地位分析、产品战略定位(SPAN)分析模型(产品/区域/渠道)、"7、2、1"规划等。

完成产品战略规划这座大厦，首先应该打好"大厦"的地基，即明确产品战略规划原则与工具——SPAN图，然后必须依据公司愿景、目标与战略规划去设计、完成产品战略规划，最后需要将产品战略规划落实到产品线规划、主要产品规划和区域产品规划三个层次。如此层层落实与实践才能打造出一个优秀的产品战略，持续提升企业竞争力。

图1-1　产品战略规划框架

1.2.1 产品战略规划

产品战略规划是一个系统，是为公司通过产品线、产品族及产品营销计划等实现价值创造，提供一致分析，从而使公司能够通过科学的资源投资创造最大的价值。

本书将运用系统、规范的方法和工具对公司内各产品线/产品的市场发展趋势、客户需求、竞争环境及对手以及产品线/产品的结构合理性进行分析，创建合理的市场细分规则，对要投资和取得领先地位的细分市场进行选择和优先级排序，通过规划区域、渠道、产品线、产品的7、2、1明确公司优先巩固(聚焦)的产品线/主要产品，重点发展(突破)的产品线/产品；同时，对主要产品进行定位，设计产品发展路标和产品商业模式，实现产品的"好卖"与"卖好"；此外，对公司的销售区域和渠道利用战略分析工具进行分析与规划；最终不断提升公司竞争力，支撑公司快速、持续地发展。

产品战略规划是公司战略规划的核心内容，它主要为公司解决了以下问题：

- 通过梳理公司的产品地图，明确公司各产品线/产品的关系(竞争还是互补关系)；
- 通过市场细分明确公司主要产品的目标客户群及其特征，解决产品定位及产品线/产品的发展方向问题；
- 通过建立数学模型对现有产品的市场吸引力和竞争地位进行分析，确定公司产品的结构合理性问题，诊断公司竞争力，提出公司产品发展与规划的方向；
- 通过产品排序清晰了产品的"7、2、1"，明确了哪些产品是聚焦产品，哪些产品是重点突破产品，解决产品在公司的使命及战略角色定位不明确的问题；

- 通过确定区域、渠道、产品线的"7、2、1",明确在哪些区域主推哪些产品;找到新产品销售快速增长的路径和产品商业模式,解决产品怎样"卖好"的问题。

1.2.2 区域产品规划

区域产品规划是产品战略规划的核心流程之一,它运用严格、规范的方法/工具对区域市场环境、客户需求、竞争状况、产品结构合理性、区域主销产品与公司产品规划一致性进行分析,从而明确区域的愿景/使命、销售目标,通过规划调整主销产品、子区域和渠道的7、2、1,确定本区域主销产品的战略角色定位以及产品销售拓展路径;制订本区域的产品营销策略,保证销售目标的实现。

区域产品规划的目的是通过区域产品、渠道和子区域的7、2、1规划,明确区域主销产品、主要渠道与子区域,从而合理利用公司级资源,分配区域有限资源,能够通过科学投入提升区域长期竞争力,创造最大的价值。

区域规划解决的问题:

- 通过各区域市场细分、SPAN分析、区域竞争对手的确认与各自优劣势的分析,明确自己区域产品结构的合理性及提高产品销售的途径,解决区域产品策略全国"一刀切"的问题;
- 通过规划区域产品、渠道和子区域的"7、2、1"规划、各个产品的战略角色定位(形象型、主销型、辅销型和狙击型)的确定,解决用什么策略可以有针对性地打击竞争对手,提高本公司产品在该区域的市场份额、销售增长率和利润;
- 通过分析与规划营销组合和产品组合,学会合理利用公司与区域资源,分解区域的销售目标,制订适合各区域的营销策略;

- 培养区域办事处经理的营销能力，如学会怎样分析产品市场潜力、竞争地位、目标客户群及其消费特征；怎样分析本区域的产品结构并制订有针对性的区域产品策略。

每个公司都希望拥有一个杰出的产品战略，能使公司先于其他公司进入一个新兴市场；或者保障/提高公司目前在市场上的竞争地位。一个有效的产品战略能够激励人们开发出成功的产品；相反，即便是最好的开发、最大的努力也会因低效的产品战略而付诸东流。

1.3 企业产品规划中的常见问题

世界上只有10%的企业能把自己的战略执行下去。什么原因呢？调查表明：70%的战略和策略的失败问题不在于战略本身，而在于产品战略管理及执行的失败。57%的企业只有战略没有策略，更没有产品战略规划；53%的企业缺乏将计划有效运作起来；45%的企业缺乏分目标(产品线或产品目标)的关联和层次；另外，由于数据来源的不一致和没有关联分析，管理人员40%的时间花费在无效的计划、报告和预测上。所以有了战略还要有落地的产品战略，不能有战略没策略、没落地计划。

目前在我国，产品战略还是一个比较新的概念，很多企业对其比较陌生，或是在使用过程中存在一些问题。

问题1：产品结构不合理，公司只是"昙花一现"

公司只有发展战略，没有产品战略或产品战略不清晰；产品线的愿景和目标不明确或者没有；产品没有明确市场定位和开发目标，产品结构不合理，导致公司战略没有根基。有些公司虽然在产品开发方面投入很大，开发出很多产品，但是因为没有产品规划，导致如下几种情况：

(1) 部分新产品在开发之初就存在先天缺陷，无法适应市场需求，没有竞争力，直接胎死腹中；

(2) 部分新产品非常符合市场需求，发展潜力很好，但是因为没有产品规

划,导致新产品在成长期间(特别是在发展初期)没有得到相应的"照顾与培育",产品"发育不良";

(3) 虽然公司开发出很多产品,但因为没有产品规划,就像"一母生几子,个个抢饭吃",使得公司没有形成良好的产品结构或发展梯队,发展后劲不足,无法持续成长,只是辉煌一时。

问题2:公司年度经营结果与目标相差巨大

很多总经理快到年底才知道公司年度销售目标能不能实现,这是因为没有编制公司的产品战略规划,更没有对公司目标实现主体——产品线或产品进行系统分析。根据其市场吸引力和竞争地位进行聚焦、重点突破和布局等规划,确定各种产品的战略角色定位;并采用"W"经营目标规划流程,分解细化各产品年底销售目标;根据各产品的细化目标规划分解各种资源的投入,跟踪评估季度、月度、每周甚至每天的各产品销售情况,适时滚动调整经营策略,才能保证公司战略目标的实现。

问题3:公司各销售区域经营状况参差不齐

公司区域产品规划"一刀切",区域产品规划不具体,区域策略与公司策略没有形成"合力",是造成公司各销售区域经营状况参差不齐的直接原因,不仅造成公司资源浪费,也给公司、各区域未来的发展埋下了脆弱的根基。

年底各区域销售公司或办事处的目标完成情况参差不齐。一方面,有些区域的销售公司"运气好",销售额远远超出公司年初制订的销售目标,根据销售政策,区域销售经理的销售提成应该超过100万,甚至一个销售员的年度收入超过公司总经理,但是实际上该区域的销售人员的工作付出并不多;另一方面,有些区域的销售公司或办事处"运气差",销售额远远没有达到公司年初制订的销售目标,根据销售政策,区域销售经理的销售提成还不够成本,不但没有奖金甚至连工资都不够,但是该区域的销售人员非常勤奋，某些产品的增长率非常可观。公司领导班子研究决定，为了公平和人心稳定，单方面取消或调整年初制订的销售政策。第二年，各区域销售人员的工作积极性都受到了极大打击。

正如上面这个案例，很多企业出现过类似的情况，但销售区域经营状况参差不齐往往是由公司领导班子造成的。因为没有用区域定级模型分析判断各销售区域的级别及每个区域的发展潜力，不能根据区域的发展潜力设计出人力资源配置，更不会根据区域和产品的发展潜力明确给出不同区域该有的发展速度。年初制订各销售区域的目标不是建立在区域产品规划的基础上，更不是通过"W"销售目标规划流程制订的，而是由公司领导班子成员"拍脑袋"编制出来的。

问题4：公司产品之间相互竞争，产品组合情况较差

企业盲目进入过多的产品领域，导致产品线或产品很多，但是没有科学的产品战略规划，产品线/产品在公司发展的过程中没有明确的使命、发展规划，更没有战略角色定位；产品没有形成良好的发展梯队和组合，各自为战，也就没有有效利用有限的资源，造成资源分散，因此在一些重要领域丧失了获得成功的机会，削弱了公司的竞争力。

有些公司为了紧跟市场和技术变化，组建强大的产品研发团队，加大新产品研发力度，也确实开发了大量的优质产品，但却使自己公司的产品相互竞争得越来越激烈，甚至所生产的产品是互为替代品。在市场上，有时候是公司不同的经销商或代理商在竞争，产品数量大幅提升了，但是公司的经济效益却没有同比例增长。

这种情况需要公司对现有产品进行系统的分析与评估，根据现有产品之间的关系，按照产品战略规划的流程、工具和思路在渠道、区域、价格、产品组合等四个方面进行市场区隔，并相应规划各产品的7、2、1，产品属性定位，产品战略角色，营销策略等内容。

问题5：新产品市场定位不清晰，或产品商业模式单一，受众客户较窄

好多公司在进行新产品开发决策时没有考虑到公司的增长、产品组合、长/短期侧重点等目标，因此使生产的产品很奇怪，没有针对人群，也没有具体作用，只是一个新鲜的东西。一个本身就不太清楚是为谁设计的产品，消费者肯定不会认可，更无法接受，所以必须明确产品的市场定位和卖点，并且根据目标客户群设计不同的产品商业模式，否则对于消费者来说就是一个毫无用处的产品。

市场中不乏因一款新产品推出而受到消费者欢迎，博得市场厚爱，自此奠定江湖地位、称雄武林的公司。但不幸的是，失败的公司远多于喝庆功酒的公司。有数据表明[1]，新产品的失败率在40%~90%之间，视品类不同而有所差异。有些品类高达90%，情况较好的新品失败率也在40%以上，而且多年以来这个数字没有太大改观。除此之外，47%的市场先行者都以失败告终。也就是说，以失败告终将很可能、至少近一半可能是那些推出新品类公司的结局。

一项关于产品失败原因的调查显示，市场分析(产品规划)不足占产品失败原因的32%；产品设计缺失导致的失败占26%；成本超出预估成为产品失败的第三大杀手，占16%；竞争者反应太强烈而导致的失败，占8%；其他原因还包括时效不对、行销努力不足等。

上述产品失败的五项原因实际上主要是没有产品战略规划或战略规划不到位造成的。

---

[1] 徐冬梅.新产品失败的六大因素.销售与管理.2009(10)

| 第2章 |

产品战略规划理论基础

本章内容结构图

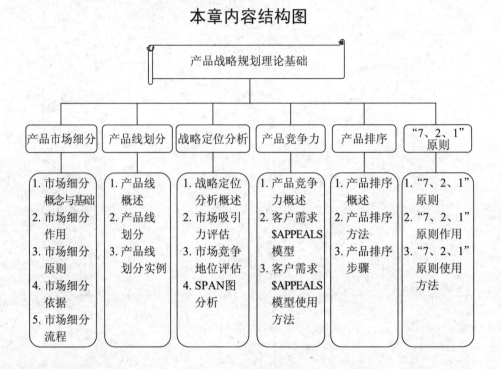

2.1 产品市场细分

产品市场是指可供人们消费的最终产品和服务的交换场所及其交换关系的总和。每一种产品应该有自己独特的价值和消费市场，如何设定产品的价值去满足消费市场的需求？如果所划定的产品市场范围过宽，就会使自己的产品不具有针对性和专业性；如果划定的范围过于狭窄，就会缩小产品的市场份额，消减产品利润；因此，我们首先要去分析市场需求，进行准确的市场细分。

2.1.1 产品市场细分概念与基础

产品市场细分(market segmentation)是在最终产品和服务的交换场所及其交换关系的总和中,依据不同类别的客户需求和相对同类的客户需求将市场划分为不同的群体。

产品市场细分是进行外部分析的第一步,其客观基础是消费者需求的异质性,即在异质市场中寻找需求一致的消费者群,实质是在异质市场中求同质;下面,我们将详细分析产品市场细分的基础。

1. 消费者需求存在差异性

消费者需求差异性是指不同消费者之间的需求是不一样的。在市场上,消费者总是希望根据自己的独特需求去购买产品,根据消费者需求的差异性我们可以把市场分为"同质性需求"和"异质性需求"两大类。同质性需求是指由于消费者的需求差异性很小,甚至可以忽略不计,因此没有必要进行市场细分;而异质性需求是指由于消费者所处的地理位置、社会环境不同,自身的心理和购买动机也不同,造成他们对产品的价格、质量、款式需求的差异性。这种需求的差异性就是我们市场细分的基础。

2. 消费者需求存在相似性

在同一地理条件、社会环境和文化背景下的人们会形成相对类似的人生观、价值观的亚文化群,他们的需求特点和消费习惯大致相同。正是因为消费需求在某些方面的相对同质,市场上绝对差异的消费者才能按一定标准聚合成不同的群体。所以消费者需求的绝对差异造成了市场细分的必要性,消费需求的相对同质性则使市场细分有了实现的可能性。

3. 企业的资源有限

现代企业由于受到自身实力的限制,不可能向市场提供能够满足一切需求的产品和服务。为了进行有效竞争,企业必须进行市场细分,选择最有利可图的目标细分市场，集中企业资源，制订有效的竞争策略，以取得和增加竞争优势。

2.1.2 产品市场细分的作用

1. 有利于选择目标市场

市场细分后的子市场比较具体，容易了解不同细分市场的客户需求、客户使用与购买习惯，企业可以根据自身的经营思想、方针及生产技术和营销力量，确定自己的服务对象，即目标市场。

联想的产品细分正是基于客户需求的明确区分。联想打破了传统的"一揽子"促销方案，围绕"锋行"、"天骄"、"家悦"三个品牌，面向不同用户群的需求，推出不同的"细分"促销方案。"天骄"用户，可优惠购买让数据随身移动的魔盘、可精彩打印数码照片的3110打印机、SOHO好伴侣的M700多功能机及让人尽享数码音乐的MP3；"锋行"用户，可以优惠购买"数据特区"双启动魔盘、性格鲜明的打印机以及"新歌任我选"MP3播放器；"家悦"用户，则可以优惠购买"电子小书包"魔盘、完成学习打印的打印机、名师导学的网卡及成就计算机高手的计算机学习教程。

2. 有利于进行产品战略和角色定位

在企业选定的目标市场上，可从产品的市场吸引力和竞争地位两个维度逐层分解影响因素，选定关键因素并进行权重分配，根据市场吸引力和竞争地位大小确定产品的战略位置，然后结合产品目标确定该产品在市场竞争和产品销售中的角色。

3. 有利于制订市场营销策略

根据产品在细分市场中的位置，分析它的优势和劣势，可有针对性地制订营销策略，表现在产品价格、促销、渠道等方面。同时，在细分市场上，可方便地进行信息的了解和反馈；一旦消费者的需求发生变化，企业可迅速改变营销策略，制订相应的对策，以适应市场需求的变化，提高企业的应变能力和竞争力。

4. 有利于发掘市场机会，开拓新市场

利用细分市场与现有产品的匹配关系，企业可以对每一个细分市场的购买潜力、满足程度、竞争情况等进行对比分析，发现空白市场或内部产品中有冲突的细分市场，探索有利于本企业的市场机会，使企业及时作出投产、销售决策或根据本企业的生产技术条件编制新产品开发计划，为企业的新产品开发、产品管理及市场管理提供有效信息输入，及时掌握产品更新换代的主动权，开拓新市场，以便更好地满足市场需要。

5. 有利于提高企业经济效益

企业是以实现利润为目地的，无论是目标市场的正确选定、企业资源的合理分配，还是新市场的挖掘，最终的结果都会影响企业的利润。企业通过市场细分后，可以针对自己的目标市场，生产出适销对路的产品。从而加速商品流转，加大生产批量，降低企业生产销售成本，有针对性地提高员工技能，提高产品质量，全面提升企业的经济效益。

2.1.3 产品市场细分原则

企业进行市场细分的目的是通过对消费者的需求差异予以定位，来取得更大的经济效益。众所周知，产品的差异化将导致生产成本和推销费用的相应增长。所以，企业应在市场细分所得收益与市场细分所增成本之间做一个权衡。由此，有效的市场细分应满足以下五个原则，如图2-1所示。

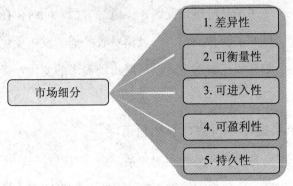

图2-1 产品市场细分原则

1. 差异性

差异性指细分市场在观念上能被区别并对不同的营销组合因素和方案有不同的反应。差异性是市场细分的基础。凡是使消费者需求产生差异的因素都可以作为市场细分的标准。如果不同细分市场消费者对产品需求差异不大,行为上的同质性远大于其异质性,此时,企业就不必进行市场细分。另一方面,对于细分市场,企业应分别制订独立的营销方案。如果无法制订出这样的方案,或其中某几个细分市场对采用相同的营销方案的差异性反应不大,便不必进行市场细分。

2. 可衡量性

可衡量性是指细分市场的标准及细分后的市场是可以识别和衡量的,即有明显的区别、合理的范围。如果某些细分市场或购买者的需求和特点很难衡量,市场细分后无法界定,难以描述,那么市场细分就失去了意义。一般来说,一些带有客观性的因素,如年龄、性别、收入、地理位置、民族等,都易于确定,并且有关的信息和统计数据,也比较容易获得;而一些带有主观性的因素,如心理和性格方面的,就比较难以确定。

3. 可进入性

可进入性指企业通过努力能够使产品进入并对消费者施加影响的市场。

一方面，有关产品的信息能够通过一定媒体顺利传递给该市场的大多数消费者；另一方面，企业在一定时期内有可能将产品通过一定的分销渠道运送到该市场。否则，该细分市场的价值就不大。比如，生产冰淇淋的企业，如果将我国中西部农村作为一个细分市场，恐怕在很长一段时间内都难以进入。

4. 可盈利性(规模性)

可盈利性是指细分市场的规模要大到能够使企业足够获利的程度，使企业值得为它设计一套营销规划方案，以便顺利地实现其营销目标，并且有可拓展的潜力，以保证按计划能获得理想的经济效益和社会效益。如一个普通大学的餐馆，如果专门开设一个西餐馆满足少数师生喜欢吃西餐的要求，就可能由于这个细分市场太小而得不偿失。

5. 相对稳定性(持久性)

相对稳定性指细分市场有相对的时间稳定。细分市场能否在一定时间内保持相对稳定，直接关系到企业生产营销的稳定性。特别是大中型企业以及投资周期长、转产慢的企业，更容易造成经营困难，严重影响企业的经营效益。

2.1.4 产品市场细分依据

产品市场分为消费者市场和生产资料市场。消费者市场是指为满足自身需要而购买的一切个人和家庭构成的市场，主要包括生产者市场、中间商市场和政府市场；生产资料市场是指为了生产或再生产的需求而购买或准备购买生产资料的消费者群体。由于两大市场具有不同特点，下面分别分析这两个产品市场的细分依据。

(一) 消费者市场的细分依据

消费品市场的细分依据可以概括为地理因素、人口统计因素、心理因素和行为因素四个方面，每个方面又包括一系列的细分变量，如表2-1所示。

表2-1 消费品市场细分依据及变量一览表

细分依据	细分变量
地理因素	地理位置、城镇大小、地形、地貌、气候、交通状况、人口密集度等
人口统计因素	年龄、性别、职业、收入、民族、宗教、教育、家庭人口、家庭生命周期等
心理因素	生活方式、性格、购买动机、态度等
行为因素	购买时间、购买数量、购买频率、购买习惯(品牌忠诚度)、对服务/价格/渠道/广告的敏感程度等

1. 按地理因素细分

按地理因素细分(geographical segmentation)，即按消费者所在的地理位置、城镇大小及地理环境等因素来细分市场，具体内容见表2-2。

表2-2 地理因素细分变量

细分变量	说明
地理位置	1. 按照行政区域进行细分，我国可以划分为东北、华北、西北、西南、华东和华南几个地区 2. 按照地理区域进行细分，我国可划分为省、自治区，市、县等，或内地、沿海、城市、农村等
城镇大小	可划分为大城市、中等城市、小城市和乡镇
地形&气候	1. 按地形可划分为平原、丘陵、山区、沙漠地带等 2. 按气候可分为热带、亚热带、温带、寒带等

处在不同地理环境下的消费者，对于同一类产品往往会有不同的需求与偏好，例如，对自行车的选购，可按地理位置来划分，城市居民喜欢式样新颖的轻便车，而农村的居民注重坚固耐用的加重车等；而防暑降温、御寒保暖之类的消费品可按不同的气候带来划分，如在我国北方，冬天气候寒冷干燥，加湿器很有市场；但在江南，由于湿度大，基本上不存在对加湿器的需求。

2. 按人口统计因素细分

按人口统计因素细分(demographic segmentation)，即按年龄、性别、职业、收入、家庭人口、家庭生命周期、民族、宗教、国籍等因素，将市场划分为不同的群体，详见表2-3。由于人口因素比其他因素更容易测量，且适用范围比较广，因而人口因素一直是细分消费者市场的重要依据。

表2-3 人口统计因素细分变量

细分变量	说 明
年龄	1. 按成长阶段分为婴儿市场、儿童市场、少年市场、青年市场、中年市场、老年市场等 2. 按实际年龄可分为0～3岁、4～12岁、13～18岁、18～35岁、36～55岁、56～70岁等 3. 从事服装、食品、保健品、药品、健身器材、书刊等商品生产经营业务的企业，经常采用年龄因素来细分市场
性别	1. 按性别可划分为男性市场和女性市场 2. 男性市场主要产品：香烟、饮料、体育用品等 3. 女性市场主要产品：美容美发、化妆品、珠宝首饰、服装等
收入	1. 按平均收入的多少可划分为高收入、次高收入、中等收入、次低收入、低收入等 2. 收入的变化将直接影响消费者的需求欲望和支出模式。收入高的消费者就比收入低的消费者购买更高价的产品，如钢琴、汽车、空调、豪华家具、珠宝首饰等；收入高的消费者一般喜欢到大百货公司或品牌专卖店购物，收入低的消费者则通常在住地附近的商店、仓储超市购物 3. 汽车、旅游、房地产等行业一般按收入因素细分市场
民族	1. 按民族可划分为汉族和少数民族 2. 各民族都有自己的传统习俗、生活方式，从而呈现出各种不同的商品需求，如我国西北少数民族饮茶很多等
职业	1.《职业分类大典》把我国职业划分为8个大类，分别是：①国家机关、党群组织、企业、事业单位负责人；②专业技术人员；③办事人员和有关人员；④商业、服务业人员；⑤农、林、牧、渔、水利业生产人员；⑥生产、运输设备操作人员及有关人员；⑦军人；⑧不便分类的其他从业人员 2. 不同职业的消费者，由于知识水平、工作条件和生活方式等不同，其消费需求存在很大的差异，如教师比较注重书籍、报刊方面的需求，文艺工作者则比较注重美容、服装等方面的需求
教育程度	1. 按受教育程度可划分为小学、中学、高中、专科、本科、研究生等 2. 受教育程度不同的消费者，在志趣、生活方式、文化素养、价值观念等方面都会有所不同，因而会影响他们的购买种类、购买行为和购买习惯
家庭人口数量	1. 按家庭人口数量可分为单身家庭(1人)、单亲家庭(2人)、小家庭(2～3人)、大家庭(4～6人，或6人以上) 2. 家庭人口数量不同，在住宅大小、家具、家用电器乃至日常消费品的包装大小等方面都会出现需求差异

3. 按心理因素细分

按心理因素细分(psychographic segmentation),即将消费者按其生活方式、性格、购买动机、态度等因素细分成不同的群体,详见表2-4。

表2-4 心理因素细分变量

细分变量	说 明
生活方式	1. 生活方式是人们对工作、消费、娱乐的特定习惯和模式,不同的生活方式会产生不同的需求偏好,生活方式分类较复杂,常见有:①传统型&现代型;②节俭型&奢侈型;③资本主义社会生活方式&社会主义社会生活方式;④城市型&农村型等 2. 服装、化妆品、家具、娱乐等行业,重视按人们的生活方式来细分市场
性格	1. 按性格表现色彩可分为:红色、黄色、蓝色和绿色 2. 按十八型人格可划分为:开放型、完美型、计较型、认知型、成就型、力量型、浪漫型、给予型、活跃型、形体型、疑惑型、随和型、传统型、自由型、智慧型、想象型、多面型、多变型 3. 性格外向、容易感情冲动的消费者往往好表现自己,因而他们喜欢购买能表现自己个性的产品;性格内向的消费者则喜欢大众化,往往购买比较平常的产品;富于创造性和冒险心理的消费者,则对新奇、刺激性强的商品特别感兴趣
购买动机	1. 感情动机:求美动机(从美学角度选择商品),嗜好动机(满足特殊爱好),攀比动机(对地位的要求、争强好胜心理) 2. 理智动机:求实动机(产品的实用价值),求新动机(产品的新潮、奇异),求优动机(产品的质量性能优良),求名动机(看重产品的品牌),求廉动机(喜欢买廉价的商品),求简动机(要求产品使用程序简单、购买过程简单) 3. 惠顾动机:感情和理智的经验

这种细分方法能显示出不同群体对同种商品在心理需求方面的差异性,如美国一家服装公司就把妇女划分为"朴素型妇女"、"时髦型妇女"、"男子气质型妇女"三种类型,分别为她们设计不同款式、颜色和面料的服装。

4. 按行为因素细分

按行为因素细分(behavioural segmentation),即按照消费者购买或使用某种商品的时间、数量、频率,对品牌的忠诚度等因素来细分市场,详见表2-5。

表2-5 行为因素细分变量

细分变量	说　明
购买时间	1. 按季节分：春季、夏季、秋季、冬季 2. 按节假日分：工作日&节假日(法定节假日、双休日、国外一些节日、寒暑假等) 3. 按每天时间分：早、中、晚 4. 服装、食品、旅游、家电等行业都会受到时间影响
购买数量	可分为大量用户、中量用户和少量用户。如文化用品的大量使用者是知识分子和学生，化妆品的大量使用者是青年妇女等 注：大量用户人数不一定多，但消费量大
购买频率	可分为经常购买、一般购买、不常购买(潜在购买者)。如铅笔，小学生经常购买，高年级学生按正常方式购买，而工人、农民则不常买
购买习惯 (对品牌的忠诚度)	可分为坚定品牌忠诚者、多品牌忠诚者、转移的忠诚者、无品牌忠诚者等。如有的消费者忠诚于某些产品，如海尔电器、中华牙膏等；有的消费者忠诚于某些服务，如某酒店或饭店等。因此，企业必须辨别其忠诚消费者及特征，以便更好地满足他们的需求，必要时给忠诚消费者以某种形式的回报或鼓励，如给予一定的折扣等

(二) 生产资料市场的细分依据

上述消费品市场的细分依据有很多都适用于生产资料市场的细分，如地理环境、气候条件、交通运输、追求利益、对品牌的忠诚度等。但由于生产资料市场有它自身的特点，企业还应采用其他一些依据来进行细分，最常用的有：用户要求、用户经营规模、用户地理位置等因素。

1. 按用户的要求细分

用户要求是生产资料市场细分常用的依据。不同的用户对同一产品有不同的需求，如晶体管厂可根据晶体管的用户不同将市场细分为军工市场、工业市场和商业市场。军工市场特别注重产品质量；工业市场要求有高质量的产品和服务；商业市场主要用于转卖，除要求保证质量外，还要求价格合理和交货及时。飞机制造公司对所需轮胎要求的安全性要比一般汽车生产厂商高许多。同是钢材，有的用于生产机器，有的用于造船，有的用于建筑等，钢材规格、材质有所区别。因此，企业应针对不同用户的需求，提供不同的产品，设计不同的市场营销组合策略，以满足用户的不同要求。

2. 按用户经营规模细分

用户经营规模也是细分生产资料市场的重要依据。用户经营规模决定其购买能力的大小。按用户经营规模划分，可分为大用户、中用户、小用户。大用户数量虽少，但其生产规模、购买数量大，注重质量、交货时间等；小客户数量多，分散面广，购买数量有限，注重信贷条件等。许多时候，和一个大客户的交易量相当于与许多小客户的交易量之和，失去一个大客户，往往会给企业造成严重的损失。因此，企业应按照用户经营规模建立相应的联系机制和确定恰当的接待制度。

3. 按用户的地理位置细分

每个国家或地区大都在一定程度上受自然资源、气候条件和历史传统等因素影响，形成若干工业区，例如江浙两省的丝绸工业区、以山西为中心的煤炭工业区、东南沿海的加工工业区等。这就决定了生产资料市场往往比消费品市场在区域上更为集中，地理位置因此成为细分生产资料市场的重要依据。企业按用户的地理位置细分市场，选择客户较为集中的地区作为目标，有利于节省推销人员往返于不同客户之间的时间，而且可以合理规划运输路线，节约运输费用，也能更加充分地利用销售力量，降低推销成本。

以上从消费者市场和生产资料市场两方面具体介绍了细分依据和变量。为了有效地进行市场细分，有如下几个问题应引起注意。

(1) 动态性

细分的依据和因素不是固定不变的，如收入水平、城市大小、交通条件、年龄等，都会随着时间的推移而变化。因此，应树立动态观念，适时进行调整。

(2) 适用性

市场细分的因素有很多，各企业的实际情况又各异，不同的企业在细分市场时采用的细分因素和依据不一定相同，究竟选择哪种变量，应视具体情况加以确定，切忌生搬硬套和盲目模仿。

(3) 组合性

要注意细分因素的综合运用，在实际营销活动中，一个理想的目标市场是有层次或交错地运用上述各种因素的组合来确定的。如化妆品的经营者将18～45岁的城市中青年女性确定为目标市场，就运用了四个变量：年龄、地理区域、性别、收入(职业妇女)。

2.1.5　产品市场细分流程

简单来讲，市场细分应该经过四个步骤：选定市场细分的范围、确定市场细分的标准、进行市场细分和初评细分市场规模。

美国市场学家麦卡锡提出了细分市场的一整套程序，这一程序包括七个步骤(如图2-2所示)，学术界和企业界又称其为"市场细分七步法"，对这七步法进行分析，发现该方法从本质上来讲是对四步骤的延伸和扩展，在逻辑上是相同的。虽然距麦卡锡提出"市场细分七步法"已经有几十年了，在美国也已经不是什么新鲜事物，但是对中国市场来说，"市场细分七步法"在当今市场细分活动中仍不失为经典。

1. 识别市场，选择产品的市场需求范围

一般情况下，不同的企业在不同的发展阶段、面对不同的市场环境，其市场细分的范围是不一样的。例如，对于一个饮料企业要进行市场细分，在其发展的初期可能是针对某一种碳酸饮料的顾客群体进行细分，但是其发展的后期可能是针对多种饮料的消费群体进行细分。细分范围的不同将直接影响细分方法的选取，并决定了细分工作的难度与工作量。

选定产品的市场范围一般包括两个步骤：第一，确定经营范围；第二，确定产品市场范围，即潜在的顾客群体。

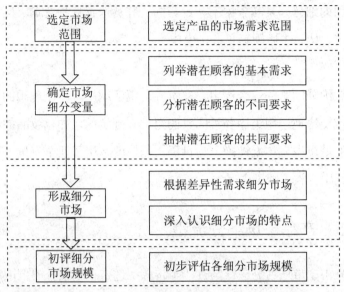

图2-2 产品市场细分流程

2. 确定市场细分变量

(1) 列举潜在消费者的基本需求

选定了产品的市场范围，公司基本确定了针对哪些地理区域、生产哪些产品和面对哪些顾客群体。然后，需要从地理、人口、行为和心理等几个方面的变量出发，大致估算一下潜在顾问有哪些基本的需求。通过这一步掌握的情况可能不是很全面，但它为后面的深入分析提供了基本资料。

例如：××房地产销售公司可以通过调查，了解消费者对住宅的基本需求，包括遮风避雨、安全、方便、宁静、设计合理，室内陈设完备，工程质量好等。

(2) 了解潜在用户的不同要求

对于列举出来的基本需求，不同消费者强调的侧重点可能会存在差异，需要从地理、人口、行为和心理等角度出发对顾客进行合理分类，找到每个顾客各自的需求，然后分析各个消费群体的需求有什么不同，各种需求哪些对他们更重要。

例如：经济、安全、遮风避雨是所有消费者共同强调的，但有的用户可能特别重视生活的方便，另外一类用户则对环境的安静、内部装修等有很高的要求。通过这种差异比较，不同的消费者群体即可被初步识别出来。

(3) 抽掉潜在消费者的共同要求

公司需要移去各分市场或各客户群的共同需求，这些共同需求虽然很重要，但是只能作为设计市场营销组合的参考，不能作为市场细分的基础。

例如：上述所列购房的共同要求中，遮风避雨、安全是每位用户的要求，但不能作为细分市场的依据，因而应该剔除。

3. 形成细分市场

(1) 根据差异性需求细分市场

公司找到差异性需求之后，把差异性需求相对应的顾客细分变量和利益细分变量作为市场细分变量，当确定了所有的细分变量后，选择合适的细分方法，然后将市场划分为不同的群体或子市场，并结合各细分市场的顾客特点赋予每一子市场一定的名称，以便在分析中形成一个简明的、容易识别和表述的概念。

例如，西方的房地产公司常把购房的消费者分为好动者、老成者、新婚者、度假者等多个子市场，并据此采取不同的营销策略。

(2) 进一步完善各个细分市场

通过以上过程，基本形成了一系列细分市场。然后，公司还要对每一个细分市场的顾客需求及其行为作更深入的考察。看看各细分市场的特点掌握了哪些，还要了解哪些，进一步明确各细分市场有没有必要再做细分，或重新合并，从而进一步完善细分市场，最终基本上可以确保所形成的各个细分市场拥有各自的需求特点，各个细分市场之间可区分性比较好。

4. 测试细分市场的价值/可行性

企业进行市场细分，是为了寻找获利的机会，因此，需要对细分市场的价值和可行性进行测试。细分市场的价值包括现在的市场规模，以及未来的市场规模(市场发展潜力)。细分市场的可行性是对公司的财务、人力、技术等方面进行评估，考察公司是否有实力和能力对该细分市场进行业务拓展。

2.2 产品线划分

企业为了避免单一经营的风险，更多地占领市场和开拓新市场，获得高利润，部分采取了产品多元化的发展方式，因此越来越多的企业关注、采纳、应用产品线(PL，Product Line)管理模式，并取得了不错的效果。

相对于事业部管理模式，产品线管理模式能更好地发挥协同效应，更好地做到端到端的产品全生命周期管理，所以更适合产品多元化尤其是相关多元化的公司。然而，什么是产品线？产品线如何划分？产品线组织如何构建和管理？……对于这些问题，企业还普遍存在认识上的差距甚至误区。本节将从产品线概述、产品线划分、产品线划分实例三部分进行阐述。

2.2.1 产品线概述

近年来，很多公司开始重视和实施产品管理，比如设立产品部/产品开发部、产品事业部，并取得了一定的效果，但并未形成端到端的产品管理模式(如图2-3)。产品部一般只是把技术领域的资源(硬件、软件、结构等)整合到一起，而产品事业部则整合了更多的资源(销售推广、技术支持等)并实行更大的授权和相对的独立核算，在很大程度上实现了这些资源之间的有效协调，但是相同的资源在不同产品部/产品事业部之间无法共享，无法达到协同作用，专业能力的提升将受到很大的限制，而且这种结构并不能做到真正面对客户和满足客户需求,与产品部/产品事业部之外的资源协调依然困难,效率的提升有限。另外,产品事业部的独立核算尤其是过于强调利润导向很容易诱发短期行为,容易使企业丧失新的业务机会。因此,产品线管理模式应运而生。

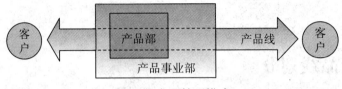

图2-3 产品管理模式

1. 产品线定义

传统上,把产品线理解为整个一个系列产品的集合。根据菲利普·科特勒在《营销管理》中的定义:产品线是指密切相关的一组产品,因为这些产品以类似的方式发挥作用,售给同类客户群,通过同一种类的渠道销售出去,售价在一定的幅度内波动。在今天看,这种定义过于狭隘和局限。

产品线是指一群相关的产品,这类产品基于相同的产品平台,功能相似,销售给同一消费群,经过相同的销售途径,或者在同一价格范围内。迈克尔·波特在2005年将产品线定义为:提供功能相近、满足相同的消费群体、使用相同的营销渠道并在一定价格范围的产品集。

图2-4中,自下而上描绘了一个公司的技术、模块、平台、产品线和产品等要素之间的关联关系。这是一个公司非常重要的业务层次划分,有时称为"业务分层"。一个公司的运作效率、技术能力、核心竞争力等,与它的业务分层是密切相关的。在图2-4中,产品线处于"顶部"的位置,因此,产品线和消费者之间能够形成端到端的产品管理模式。

产品线从规模来看,可以是几百万、几千万的小产品线,也可以是几十亿、几百亿的大产品线。按照产品管理的思想和方法,产品线不仅仅是产品集合的概念,还包括以下含义:

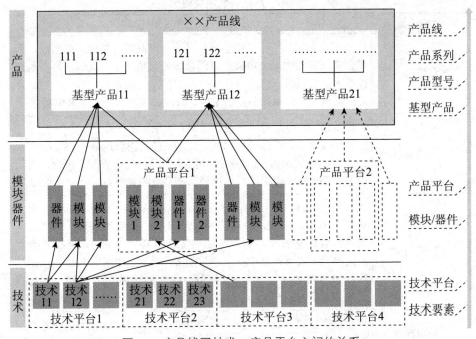

图2-4 产品线同技术、产品平台之间的关系

(1) 产品线划分是一种业务分类,产品线实质上是业务线;

(2) 产品线是端到端的,即从客户需求到满足客户需求,也可以理解为从机会到现金(OTC,opportunity to cash);

(3) 从市场划分的角度看,产品线是公司层面的细分市场;

(4) 产品线是一个财务核算单位,要对产品线的业务绩效负责,而不是单纯地追求短期利润;

(5) 产品线之间存在技术或/和市场方面的协同效应。

2. 产品线相关概念

在产品线的相关研究中,不断出现了新的概念,主要包括:产品组合、产品线宽度、产品线长度和产品线深度等,在表2-6中我们对各相关概念进行了详细说明。

表2-6 产品线的相关概念

评价因素	说明
产品组合	1. 一个企业提供给市场的全部产品线和产品项目的组合或搭配，即经营范围和结构，公司级产品组合一般包括若干产品线，每一条产品线内又包括若干产品项目 2. 产品组合可以用产品线的宽度、长度、深度和一致性来说明
产品线宽度	1. 产品组合广度，是指企业产品组合内的产品线数目 2. 产品线越多，产品组合越宽；反之，产品组合越窄 3. 一般不建议超过6条产品线，如某公司拥有清洁剂、牙膏、条状肥皂、纸尿布、卫生纸，那该公司产品线的宽度为5
产品线长度	每一条产品线内的产品品目数称为该产品线的长度，如果一个公司具有多条产品线，公司将所有产品线的长度加起来，得到公司产品组合的总长度，除以宽度则可以得到公司平均产品线长度。长度越大，表示产品中产品项目越多；反之，产品项目越少。如某饮料公司茶饮料产品线包含红茶、绿茶和乌龙茶3种类型，则该产品线的长度为3
产品线深度	该公司产品线上的每个产品项目可供消费者选择的种类。如某绿茶饮料具有不同的包装和容量，这些就构成了该茶饮料产品线的深度

3. 产品线的优缺点

任何事物都具有它的两面性，产品线在发挥其优点的同时也存在相应的缺点，在表2-7中我们对产品线的优缺点进行了详细比较。

表2-7 产品线优缺点分析

产品线的优点	产品线的缺点
1. 满足消费者的多样化需求和偏好 2. 提高企业定价能力 3. 发挥情境效应 4. 强化应对需求变化的能力 5. 阻止竞争者进入市场 6. 提升品牌质量感知度 7. 发挥产品协同性	1. 形成产品之间的自相竞争 2. 抑制或推迟消费行为 3. 导致成本支出增加 4. 加大质量风险

2.2.2 产品线划分

产品线划分本质上是一种业务划分,可参考公司的业务分类方式,按照某种确定的维度对产品线进行划分,并明确每条产品线的业务领域。产品线一般按照产品类别和技术两种方式分类,具体内容和案例见表2-8。

表2-8 产品线划分方式

划分方式	说明
按产品类别分类	依据产品的不同特性进行分类。如某化学企业的助燃剂产品线、医药产品线、油水产品线
按产品技术分类	依据产品的不同技术水平进行分类。如某电源企业的低压产品线、中压产品线、高压产品线;某照明企业的移动照明产品线、固定照明产品线、防爆照明产品线;某通信企业的有源产品线、无源产品线、服务产品线

2.2.3 产品线划分实例

宝洁公司在中国市场日用品行业取得了巨大成功,其采用的是产品线和品牌管理模式,按照产品的类别进行分类,在表2-9中我们列出了该公司的四条产品线,即洗发护发产品线、护肤美容用品产品线、个人清洁用品产品线和口腔护理产品线。

以洗发护发用品产品线为例,该产品线包括海飞丝、沙宣、伊卡璐、飘柔和潘婷五种基本产品,这五种基本产品具有不同的洗发功效:海飞丝主要针对的是有头屑烦恼的人群;沙宣的主要功能是进行水养保湿,针对追求时尚的人群;伊卡璐采用草本精华,针对注重头发健康的人群;飘柔可以让秀发光滑柔顺、飘逸洒脱,针对注重发型且消费能力较低的人群;潘婷含有多种维生素元素,针对的是注重头发营养的人群。

表2-9 宝洁公司在中国市场的产品线

产品线	品牌	产品特点	目标客户
洗发护发用品	海飞丝	去屑护理	有头屑烦恼的人群
	沙宣	水养保湿、时尚专业	追求时尚的人群
	伊卡璐	草本精华	注重头发健康的人群
	飘柔	让秀发光滑柔顺,飘逸洒脱,具有普及性	重视发型且消费能力较低的人群
	潘婷	呵护营养流失的秀发,含有维生素原B5	注重头发营养的人群
护肤美容用品	玉兰油	惊喜从肌肤开始,美白护肤	注重皮肤保养的中等收入女性
	SK-II	尖端生化科技,独家专利	重视除皱美白的高收入时尚女性
个人清洁用品	舒肤佳	国际知名的个人清洁护理品牌及抗菌品牌	一般家庭
	玉兰油	护肤	注重皮肤保养的中等收入女性
	激爽	清爽提神、活力无限,有效洁净、长效留香	城市家庭和年轻人
口腔护理用品	佳洁士	高、中、强档牙膏和各种功能型牙刷,其先进技术已经先后获得了中华口腔医学会的认可和验证,是唯一获此殊荣的品牌	收入水平不同的家庭
……			

2.3 战略定位分析

在产品规划过程中,我们希望掌握公司的产品、销售区域和渠道等在市场上的整体表现,对其进行市场定位,这里,我们将介绍一个非常重要的规划方法——战略定位分析。

2.3.1 战略定位分析概述

战略定位分析,即SPAN(strategy positioning analysis),它是从细分项目的市场吸引力和竞争地位两个维度进行分析,将结果体现在SPAN图中,见图2-5;我们看到水平位置表示竞争地位,垂直位置表示市场吸引力,气泡大小表示机会的大小。战略定位分析不仅可以展现细分项目在市场上目前的状况,还能帮助规划人员预测该细分项目的未来走向。

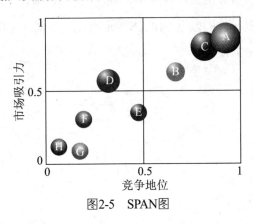

图2-5　SPAN图

1. SPAN可用于衡量/比较

(1) 公司产品的各细分市场。

(2) 公司产品的各销售地区/区域。

(3) 公司产品线。

(4) 公司产品。

(5) 公司销售渠道。

2. SPAN的目的

(1) 确定公司细分项目运行特征,分析项目结构的合理性。

(2) 确定公司要进入或关注的细分市场,为项目投资做参考。

(3) 为公司项目营销提供依据。

3. SPAN的方法流程

第一步:明确各细分项目及竞争对比项目,即比较公司产品、销售区域、销售渠道,以及公司产品与其竞争对手之间的比较。

第二步:对所要分析的细分项目通过市场吸引力和竞争地位两个指标进行评价,逐层分解出各评价指标的重要影响因素并确定相应权重大小。

第三步:确定市场吸引力、竞争地位及其重要影响因素的评分标准。

第四步:参照评价标准,对细分项目和对比项目的市场吸引力、竞争地位及其重要影响因素分别进行打分,并统计出各项分数。

第五步:根据统计的数据在SPAN图上绘制气泡图,见图2-6。

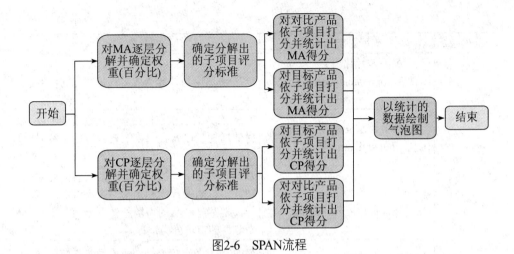

图2-6　SPAN流程

2.3.2　市场吸引力的评估

市场吸引力(market attractiveness)是指产品/服务引导人们购买和使用的力量，可以刺激消费者来进行的商业活动，它是由市场规模、市场增长率、市场收益率、竞争强度等多种因素综合作用的结果，见表2-10。

表2-10　市场吸引力典型影响因素

评价指标	典型影响因素	概　念
市场吸引力	市场规模 (MS，market size)	市场容量，是指一个特定市场供应品的购买人数或销售数量
	市场增长率 (MGR，market growth rate)	产品/服务的市场销售量或销售额在比较期内的增长率
	市场收益率 (MY，market yields)	投资的回报率，净利润占使用的平均资本的百分比
	竞争程度 (CD，competition degree)	行业的竞争对手之间竞争的激烈程度
	战略价值 (SV，strategic value)	企业实施战略管理给企业和利益相关者创造的价值
	定价趋势 (PT，pricing trends)	研究产品/服务的价格制订和变更的方向和策略，以求得营销效果和收益的最佳
	行业投资风险 (PIR，profession investment risk)	对未来投资收益的不确定性，在投资中可能会遭受收益损失甚至本金损失的风险
	进入障碍 (EB，entry barriers)	在完全垄断条件下，新的企业要想进入某一行业十分困难，存在许多进入障碍

(续表)

评价指标	典型影响因素	概 念
市场吸引力	产品/服务差异化机会 (ODPS, opportunity to differentiate products and services)	产品/服务因为差异造成需求量变化的程度
	产品/服务需求变动性 (DV, demand variability)	产品/服务需求量在价格有一定程度的下跌时的增加量以及在价格一定程度的上涨时减少量的变动
	市场细分 (MS, market segmentation)	营销者通过市场调研,依据消费者的需要和欲望、购买行为和购买习惯等方面的差异,把某一产品的市场整体划分为若干消费者群的市场分类过程
	市场分销渠道结构 (DS, distribution structure)	产品/服务从生产者向消费者转移过程的具体通道或路径结构,由生产者、批发商和零售商所组成的一种统一联合体
	技术发展 (TD, technology development)	涉及技术发展的内容、水平、速度、方式、利益等方面

1. 市场吸引力的评估要素

在SPAN(战略定位分析)中,细分项目的市场吸引力主要从表2-10中选取市场规模、市场增长率、市场收益率三个维度来评估。

(1) 市场规模,即市场容量,主要是研究目标产品或行业的整体规模,可以从一定时期,特定市场产品的购买人数来反映,它代表了细分项目的收入机会规模。刘易斯在其《经济增长理论》一书中提出了影响一国市场规模因素的规范性分析,即"市场越大,专业化的可能性就越多。市场的规模取决于一家一户的自给程度、人口的多少、交通运输是否便宜、是否符合标准以及人为的贸易壁垒的多少",具体分析见表2-11。

表2-11 市场规模影响因素的规范性分析

市场规模影响因素	市场规模影响因素分析
家庭自给程度	1. 自给程度越高,越不利于市场规模的扩展,即社会化分工程度越低,越会阻滞市场规模的拓展与深化 2. 妇女参与社会性劳动的比例越高就越能增强社会分工

(续表)

市场规模影响因素	市场规模影响因素分析
相对人口数量	拥有较多人口的地区，通过发挥人口红利，能够促进市场规模的扩大，但并不是人口越多越好，刘易斯认为"人口的多少是一种概念，它同空间和数量都有关系"，因而是相对的人口数量
交通费用和范围	便利的交通可以增进商品流通与货物贸易，是影响市场规模的一个重要因素
买主财富	人们购买能力的增强能够引致消费能力的提升，进而促进市场规模的扩大。刘易斯认为"高度发展的中产阶级的国家，比只有富人和穷人的财富均等的国家，更可能为成批生产的商品提供较好的市场"
需求标准化程度	商品生产或贸易的规模化也是促进市场规模扩大的一个重要因素
人为的贸易壁垒(捐税、关税、限额和禁令等)	通过减少贸易壁垒，打破市场分割，增进商品自由流通，可以提升市场一体化程度，扩展市场规模

(2) 市场增长率是指细分市场的产品/劳务的市场销售量或销售额在比较期内的增长比率。计算公式为

市场增长率=[比较期市场销售量(额)-前期市场销售量(额)]÷前期市场销售量(额)×100%

它是判断产品生命周期的基本指标，在不同的生命周期阶段其市场增长率表现出不同的特点，详见表2-12。

表2-12 行业不同生命周期市场增长率分析

所处生命周期阶段	不同生命周期市场增长率分析
起步期	市场增长率较高：产品设计尚未成熟，行业利润率较低，需求增长较快，技术变动较大，行业中的用户主要致力于开辟新用户、占领市场，但此时技术上有很大的不确定性，在产品、市场、服务等策略上有很大的余地，对行业特点、行业竞争状况、用户特点等方面的信息掌握不多，企业进入壁垒较低
成长期	市场增长率很高：需求高速增长，技术渐趋定型，行业特点、行业竞争状况及用户特点已比较明朗，企业进入壁垒提高，产品品种及竞争者数量增多

(续表)

所处生命周期阶段	不同生命周期市场增长率分析
成熟期	市场增长率不高：需求增长率不高，技术上已经成熟，行业特点、行业竞争状况及用户特点非常清楚和稳定，买方市场形成，行业盈利能力下降，新产品和产品的新用途开发更为困难，行业进入壁垒很高
衰退期	市场增长率严重下降：行业生产能力会出现过剩现象，技术被模仿后出现的替代产品充斥市场，需求下降，产品品种及竞争者数目减少

(3) 市场收益率是指在某特定市场投资的回报率，即净利润占使用平均资本的百分比。细分市场的市场收益率主要受竞争激烈程度的影响，借鉴波特的"五力"竞争模型(图2-7)，可从市场"五力"(同业竞争者威胁、替代产品威胁、新进入者的威胁、供应商议价能力和购买商议价能力)对市场竞争程度的影响来分析竞争激烈程度对市场收益率的影响，详见表2-13。

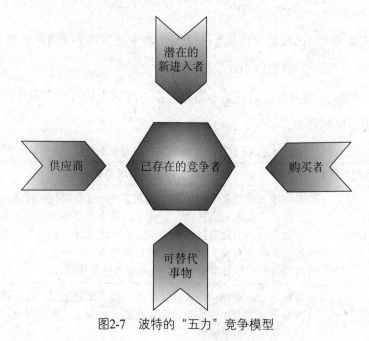

图2-7 波特的"五力"竞争模型

表2-13 "五力"对利润潜力的影响

"五力"内容	"五力"对利润潜力影响分析
同业竞争者威胁	一般情况下，同业竞争者竞争程度与利润潜力成反比 竞争强度取决于以下因素： (1) 竞争者数量，市场中竞争者越多，竞争强度会越高 (2) 行业增长率，行业增长缓慢，新进入者从其他竞争者那里争取市场份额，现有企业之间争夺既有市场份额，竞争将会变得激烈 (3) 行业固定成本，行业固定成本越高，企业越会寻求降低单位产品固定成本或增加产量，导致在价格上相互竞争 (4) 产品转换成本，产品缺乏差异性或具标准化，购买商轻易转换供应商，供应商间相互竞争 (5) 不确定性，一个企业不能确定同行业另一企业如何经营，可能制订更具竞争力的战略 (6) 战略重要性，企业战略目标获得成功对企业越重要，则会采取具有竞争力的行为达成目标 (7) 退出壁垒，使现有供应商难以退出某行业的障碍会令同业的竞争激烈化
替代产品威胁	替代产品指可由其他产业生产的产品或提供的服务，具有的功能大致与现有产品或服务功能相似，可满足消费者同样的需求；如方便面与挂面、白酒与啤酒之间。替代产品的存在会削弱利润潜力
新进入者的威胁	新进入者进入市场参与竞争获取利润，对现有的竞争者构成威胁，削弱现有企业产生理想财务回报率的能力，分割市场份额，激化竞争 新进入者的威胁力度和数量很大程度取决于各种进入壁垒的难度，决定进入壁垒难度的因素有： (1) 规模经济(航空公司) (2) 客户忠诚度(保险公司) (3) 资本金投入(金融公司) (4) 转换成本 (5) 对销售渠道的使用权 (6) 政府政策 (7) 现有产品与规模经济无关的成本优势
供应商议价能力	导致供应商议价能力较高，从而降低公司盈利性的因素有： (1) 没有替代品，没有其他供应商 (2) 该产品或服务独一无二，且转换成本很高 (3) 供应商所处行业由少数几家公司主导并面向大多数客户销售 (4) 供应商的产品对企业的生产业务很重要 (5) 企业采购量占供应商产量的比率很低 (6) 供应商能直接销售产品并与企业抢占市场

(续表)

"五力"内容	"五力"对利润潜力影响分析
购买商议价能力	导致购买商议价能力较高,从而降低公司盈利性的因素有: (1) 购买方从卖方购买的产品占卖方销售量很大比例(如国美、苏宁、沃尔玛、家乐福) (2) 购买商购买的产品对其经营不是很重要,且该产品缺少唯一性 (3) 转换其他供应商购买的成本较低 (4) 购买商购买的产品或服务占其成本的比例较高 (5) 购买商购买的产品或服务容易被替代 (6) 购买商的采购人员有高超的谈判技巧 (7) 购买商有能力自行制造或提供供应商的产品或服务

2. 市场吸引力的评估方法

对市场吸引力的四个评价要素:市场规模、市场增长率、利润潜力和市场收益率,可参照以下方法(表2-14)对各细分市场的吸引力进行评分,计算各细分项目市场吸引力的强弱,为SPAN(战略定位分析)作准备。

第一步:明确各细分项目。这里对不同的细分项目市场吸引力分别进行计算,本书中用细分项目代替公司细分市场、产品、销售区域和销售渠道,如表2-14是对细分项目A进行计算。

表2-14 细分项目A吸引力计算方法

评分标准	优秀:5	良好:4	一般:3	差:2	不可接受:1
1. 市场规模			3. 利润潜力		
小项	a_1	得分	小项	a_3	得分
家庭自给程度	a_{11}		同业竞争者威胁	a_{31}	
相对人口数量	a_{12}		替代产品威胁	a_{32}	
交通费用和范围	a_{13}		新进入者威胁	a_{33}	
需求标准化程度	a_{14}		供应商议价能力	a_{34}	
人为的贸易壁垒	a_{15}		购买商议价能力	a_{35}	
初得分	100%	B_1	初得分	100%	B_3
权重后得分		C_1	权重后得分		C_3
2. 市场增长率			4. 战略价值		
初得分	a_2	B_2	初得分	a_4	B_4
权重后得分		C_2	权重后得分		C_4
最终得分					

第二步：确定评分标准。可参考表2-15细分项目市场吸引力评分标准，依据公司所处行业情况对其进行修改，制订符合本行业、产品的评分标准。

表2-15　细分项目A吸引力评价标准

项目A吸引力评价指标		评分标准				
		5分	4分	3分	2分	1分
市场规模	家庭的自给程度					
	相对人口数量					
	交通费用和范围					
	需求标准化程度					
	人为的贸易壁垒					
市场增长率	市场增长率					
利润潜力	同业竞争者威胁					
	替代产品威胁					
	新进入者威胁					
	供应商议价能力					
	购买商议价能力					
战略价值	战略价值					

第三步：确定四个评价要素权重，即a_1，a_2，a_3，a_4，且$\sum_{i=1}^{4}a_i = a_1+a_2+a_3+a_4=100\%(i=1，2，3，4)$；每项指标会因行业、时间、区域的不同而有所差异。

第四步：确定各评价要素分解出的小项权重，即$a_{ij}(i=1，3；j=1，2，\cdots，5)$，且$\sum_{j=1}^{5}a_{ij}=100\%$。

第五步：分别给各细分项目的各评价指标、小项按评分标准打分，并参照公式(1)、(2)、(3)计算得分，其中B_i为各评价要素的实际得分，C_i为各评价要素乘以权重后的相对得分，D为细分项目A最终分数。

$$B_i = \sum_{j=1}^{5}a_{ij} \cdot A_{ij} = a_{i1} \cdot A_{i1} + a_{i2} \cdot A_{i2} + \cdots + a_{ij} \cdot A_{ij} + \cdots + a_{i5} \cdot A_{i5} \quad (1)$$

$$C_i = a_i \cdot B_i \quad (2)$$

$$D = \sum_{i=1}^{4} C_i = C_1 + C_2 + C_3 + C_4 \tag{3}$$

i=1、3，代表不同的评价要素；

1≤j≤5，代表各评价要素的不同小项。

2.3.3 市场竞争地位评估

市场竞争地位(market competition position)是指企业在目标市场中所占据的位置，它是SPAN(战略定位分析)的重要维度之一，也是企业规划竞争战略的重要依据。公司在细分市场上的竞争地位主要来自于市场份额、产品优势、品牌优势等多种因素产生的差别，依据差别可以确定企业细分市场的竞争优势和劣势，从而确定企业在市场中的竞争地位，常见的典型影响因素见表2-16。

表2-16 竞争地位典型影响因素

评价指标	典型影响因素	概 念
竞争地位	市场份额 (MS，marketable shares)	一个企业的销售量(或销售额)在市场同类产品中所占的比重，表明企业的商品在市场上所处的地位
	市场份额的成长性 (MSG，market share growth)	产品/服务的市场份额在比较期内的增长率
	产品优势 (PA，product advantage)	产品的质量、性能、价格等一系列综合因素产生的效应
	品牌优势 (BA，brand advantage)	企业、产品、文化形态的综合反映和体现
	渠道优势 (CA，channel advantage)	商品流通路线的结构、范围及信息传递流通性、准确性等综合表现
	生产能力 (PC，production capacity)	反映企业所拥有加工能力的一个技术参数，它也可以反映企业的生产规模
	营销能力 (MC，marketing capacity)	企业有效开展市场营销活动的能力
	融资能力 (BC，borrowing capacity)	企业可能融通资金的水平，是持续获取长期优质资本的能力，也是企业快速发展的关键因素

(续表)

评价指标	典型影响因素	概 念
竞争地位	管理能力 (MC, management capacity)	系统组织管理技能、领导能力等的总称，从根本上提高组织效率的能力
	技术研发能力 (TRADA, technology research and development ability)	利用从研究和实际经验中获得的现有知识或从外部引进技术，为生产新产品，建立新的工艺和系统而进行实质性的改进工作的能力

1. 关键成功因素法概述

对任何企业来说，成功的关键因素是那些能确保其竞争能力的有限个领域/因素，是为了保证企业的发展壮大而必须良好运作的少数关键领域，这些领域创造出让企业满意的结果，确保了企业的竞争力。

在市场竞争地位评估中可以使用关键成功因素法(CSF)，它根据行业、企业自身情况与目标，识别企业的关键成功因素与核心竞争力，从众多影响竞争地位的因素中选取对竞争地位具有重要影响的、可衡量的、有限的因素对竞争地位进行评估。

关键成功因素法是一种市场导向的战略控制方法，它更关心公司所处战略环境中与消费者偏好相关的不确定性。根据关键因素确定企业分配资源的优先级别，产生数据字典来为企业发掘新的机遇，使公司区别于其他竞争对手。因此，关键成功要素具有一些重要属性：

(1) 战略决定关键成功要素；

(2) 关键成功要素提供了战略实施成功与否的主要信息；

(3) 关键成功要素决定着公司长期的竞争力；

(4) 关键成功要素具有可衡量性；

(5) 关键成功要素是有限的、少数的；

(6) 管理控制过程是从识别关键成功要素开始的。

2. 关键成功因素法使用流程

第一步：明确需评估的公司细分项目，并考察公司细分项目和业界竞争力较强的同类细分项目,确定CSF。

第二步:确定评分标准。可参考表2-17细分项目市场竞争地位评分标准,依据自己所处行业情况对其进行修改,制订符合本行业、产品的评分标准。

表2-17 细分项目A竞争地位评分标准

竞争地位评分指标	评分标准				
	5分	4分	3分	2分	1分
市场份额					
市场份额的成长性					
产品优势					
品牌优势					
渠道优势					
生产能力					
营销能力					
融资能力					
管理能力					
技术研发能力					
……					

第三步:确定关键成功要素权重,即 a_1, a_2, a_3, …, a_i, …, a_n 且 $\sum_{i=1}^{n} a_i =$ $a_1+a_2+a_3+\cdots+a_i+\cdots+a_n=100\%(i=1, 2, 3, \cdots, n; n\leq 5)$;因为每项指标会因行业、时间、区域的不同而不同,将 a_i 得分记录在表2-18中。

第四步:给各细分项目的各关键成功因素按评分标准打分,将 B_i 得分记录在表2-18中。并参照公式(1)、(2)、(3)计算得分,其中 B_i 为各关键成功要素的实际得分,M_A 为关键成功要素实际总得分,C_i 为各评价要素乘以权重后的相对得分,N_A 为关键成功要素相对总得分。

$$C_i = a_i \cdot B_i \tag{1}$$

$$M_A = \sum_{i=1}^{n} B_i = B_1 + B_2 + \cdots + B_i + \cdots + B_n \tag{2}$$

$$N_A = \sum_{i=1}^{n} C_i = C_1 + C_2 + \cdots + C_i + \cdots + C_n \tag{3}$$

$i=1, 2, 3, \cdots, n$,$n\leq 5$,代表不同的评价要素。

表2-18 细分项目市场竞争地位计算方法

评分标准	优秀:5	良好:4	一般:3	差:2	不可接受:1
序号	关键成功因素	权重	评分		得分
1	市场份额	a_1	B_1		C_1
2	产品优势	a_2	B_2		C_2
3	品牌优势	a_3	B_3		C_3
...					
i	生产能力	a_i	B_i		C_i
...					
	合计	100%	M_A		N_A

2.3.4 SPAN图分析

通过SPAN(战略定位分析)对细分项目的市场吸引力和竞争地位两个维度进行分析、评估、制图,最终可以在SPAN图中看到各个细分项目和竞争项目的战略位置。根据市场吸引力和竞争地位的大小将SPAN图分成四个象限,如图2-8所示。利用SPAN图可以清晰明了地掌握各细分项目的优势和劣势,方便公司采取相应的策略。

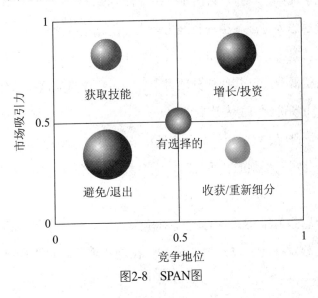

图2-8 SPAN图

这四个象限具有如下特点。

第一象限(增长/投资)：处在这一象限的细分项目具有很强的市场吸引力和很高的竞争地位，它们是公司的主要利润来源，是公司发展的重要支撑项目。

其指导思想为扩大分销渠道，生产和投资，同时严格控制成本，以获取规模增长带来的收益。在研发方面，应当继续进行投资，并适当增加这些细分项目上的产品，以寻求产品的差异化。也可以加大这些细分项目在营销方面的工作力度，即价格、促销、销售活动等等。这些行动充分利用公司在这个细分项目上的竞争地位，从有吸引力的市场中获得最大回报。

第二象限(获得技能)：处在这一象限的细分项目虽然有足够的吸引力，但是公司的竞争优势较弱。它们通常还未盈利或者盈利很低。

其指导思想为在这些细分项目上建立起更强的竞争地位之前，有选择地扩大其分销覆盖面。公司在这些细分项目上的主要行动是加大对生产、研发和人力等方面的投资，以建立起竞争优势，还应当在市场方面采取积极措施，包括定价和促销，以获得市场份额。

第三象限(避免/退出)：处在这一态势下的细分项目不但没有吸引力，而且公司的竞争优势也较弱。它们几乎是没有利润，甚至是亏损的。

其指导思想为逐渐减少销售努力，大力削减这些细分项目上的固定和可变成本。也就是说，应当尽量减少或者停止产能、研发费用、营销活动和运营资本，将资源分配到其他细分项目中。公司主要是从这些细分项目中实现利润机会，市场份额可能是次要的。

第四象限(收获/重新划分细分市场)：处在这一态势下的细分项目吸引力较弱，但是公司有很强的竞争优势。大多数情况下，这些细分项目具有很高的利润。

其指导思想为维持其现有的分销模式。这些细分项目的重点是运作效率，包括充分发挥产能以及控制成本。在这些细分项目上应当限制营销活动,研发活动也应重点关注降低成本。这些活动的目的在于能使公司巩固其在细分项目上的竞争地位,并且防止竞争对手进入这些细分项目。

SPAN图中间(有选择的):对于处在SPAN图中央即"有选择的"细分项目,公司首先应有选择地挑选出细分项目,为它们选择部分细分市场,在技术、资金的投入方面也有选择地进行投资,不全面覆盖。同时,加大产品的差异化,使产品的优势更加明显。

公司对细分项目在SPAN图中不同位置,采取了不同行动策略,行动策略包括但是不局限于以下因素:分销、成本控制、生产、研发、市场份额、产品、定价、促销、人力、运营资本,详细内容如表2-19所示。

表2-19 针对不同细分市场的行动策略

细分项目位置					
项目	增长/投资	收获/重新划分细分市场	有选择的	获得技能	避免/退出
市场份额	保持、增强优势	保持市场地位	有选择地保证,细分市场	有选择地投资,获得份额	放弃份额,赚取利润
成本控制	控制,寻求规模经济	强调削减成本,尤其是可变成本	严格控制	严格控制,但不要影响企业家的风格	极力减少可变成本和固定成本
投资管理	增加投入	限制固定投资	有选择地投资	增加投入	机会主义投资或不投资
技术开发	扩大投资	重点放在一些项目上	有选择地投资	投资	无
产品开发	扩展差异化的产品线	砍掉不够成功的项目,在主要细分市场形成差异化的优势	强调产品质量,差异化	扩展差异化的产品线	大量削减
产品生产	扩大投资(有节奏地扩大产能)	产能利用最大化	提高生产力	投资	放开产能

产品战略规划

(续表)

细分项目位置	▢(右上●)	▢(右下●)	▢(上●)	▢(左上●)	▢(左上●)
项目	增长/投资	收获/重新划分细分市场	有选择的	获得技能	避免/退出
价格	为获取份额采用具有攻击性的定价	稳定价格/适当提高	保持或提高	用具有攻击性的价额获得份额	提高
促销	大力营销	限制	有选择地保持	大力营销	最小化
分销	扩大分销渠道	保持目前渠道	细分市场	有限开发	减少渠道
人事管理	在主要功能领域优化管理	保持、奖励效率,严格控制组织	分配主要的经理	投资	削减组织
流动资本	减少过程中的赊账	严格控制信贷,减少应收账款,提高库存周转率	减少	投资	大量缩减

2.4 产品竞争力

很多价格适中、品质优秀的产品投放市场后并没有获得预期收益,这就是产品缺乏竞争力的表现。当前,多数企业仍在做着没有价值的产品制造,如果不进行产品竞争力分析,仅指望通过降价或提升质量等传统方式提升产品竞争力,就很有可能在市场竞争中处于劣势地位。因此,进行产品竞争力分析,根据客户需求培养产品优势,已是每个企业获得持续发展的当务之急。

2.4.1 产品竞争力概述

产品竞争力是指产品符合市场要求的程度,这种要求具体体现在消费者对产品各种竞争力要素的考虑和要求上,具有以下几个特点:

(1) 它汇聚了公司的核心知识和技能,是企业核心竞争力对消费者的最直接表现形式;

(2) 它是同其他具有相似性能产品进行角逐而体现出来的综合能力;

(3) 它是一种相对指标,可计算它的相对强弱、大小;

(4) 它是通过产品要素现阶段状况进行分析得出的结果,对未来发展具有一定的影响力;

(5) 它是动态的，会受到产品市场竞争力变化的影响。

产品最终是面向客户，被客户享用的，它的竞争力直接和重要的评价者是消费者。因此，在评估产品竞争力要素的时候，需满足消费者的欲望和需求，从消费者的角度去制订产品竞争力影响要素，正确分析产品竞争力大小。本书我们将使用客户需求$APPEALS模型，从客户的角度来审视产品的竞争性。

2.4.2 客户需求$APPEALS模型

客户需求$APPEALS模型即Customer$APPEALS，是基于客户价值的产品概念，从客户角度来检视细分项目的竞争性，它使用客户欲望和需求框架，通过评价自身产品与竞争对手之间的差距，分析公司在细分市场的竞争地位。$APPEALS模型从价格、保证、性能、包装、易用、可获得性、生命周期成本、社会接受程度8个要素进行分析，详见表2-20指标描述和表2-21指标影响因素。

表2-20 客户需求$APPEALS模型指标描述

指 标	指标描述
$价格	表示消费者对于他们获得的合格产品或服务所愿意支付的价格 评价供应商时，考虑的是对于所付出的价格，产品实际的或消费者感知的价值，包括技术、低成本制造、原材料、劳动力成本、固定成本、经验、自动化、简单性、制造能力等
A可获得性	表示消费者购买体验：更容易、更有效(即消费者以自己的方式拥有它) 评价供应商时，考虑整个购买过程消费者的满意程度，包括售前技术支持和示范、购买渠道/偏好的供应商、送货时间、消费者定制能力等
P性能	表示消费者期望的产品性能和功能 评价供应商时，相对于消费者期望的产品性能和功能，还要考虑实际的和消费者感知的产品性能和功能

(续表)

指标	指标描述
P包装	表示对设计质量、性能、外观的一种主观视觉属性 对软件产品而言,代表的是软件本身及其实现的功能这一总体集合;包装要从消费者的角度考虑形式、设计等,包括风格、模块化、整体性、质地、颜色、图形、工业设计等
E易用性	表示产品或服务易于使用方面的属性 评价供应商时,考虑消费者的观点,如舒适、学习、文档、支持、人机工程、显示、感官输入/输出、界面、直观等
A保证	一般用于代表可靠、安全、品质 评价供应商时,考虑的是消费者对该产品在可预见的条件下是否能够实现预定功能的担心程度的评估,包括保证、证书、冗余设计、强度等属性
L生命周期成本	表示拥有着整个产品生命周期的使用成本 评价供应商时,要考虑以下成本:安装、培训、服务、供应、能耗、折让及报废处理等
S社会接受程度	表示影响购买决策的其他因素 评价供应商时,从以下一些方面来推动消费者的购买决策:语言、第三方专家的观点和意见、咨询顾问的观点和意见、形象、行业标准、规章制度、社会提案、法律关系、产品可靠性等

表2-21 客户需求$APPEALS模型指标影响因素

$ 价格	A可获得性	P包装	P性能
受以下要素影响 ●设计 ●可生产性 ●技术 ●材料 ●生产 ●供应商 ●制造 ●部件 ●人力成本 ●管理费用 ●装备	在何时、在何地、以什么方式提供客户所需的东西 ●行销 ●销售 ●渠道 ●分销 ●交货期 ●广告 ●配置 ●选件 ●定价 ●客户定制	物理和几何形态,客户看到的 ●外形 ●尺寸、数量 ●几何设计 ●模块化 ●架构 ●表面 ●结构 ●标识 ●图形 ●内部、外部	产品功能如何 ●功能 ●吸引力 ●规格 ●功率 ●速度 ●容量 ●灵活性 ●多功能 ●尺寸

(续表)

E易用性	A保证	L生命周期成本	S社会接受程度
要考虑所有的使用者、购买者、运营商、分销商 ●用户友好 ●操纵控制 ●显示 ●人机工程 ●培训 ●文档 ●帮助系统 ●人性化因素 ●接口 ●操作	在可预测的情况下稳定可靠的性能 ●可靠性 ●质量 ●安全性 ●误差幅度 ●完整性 ●强度 ●灵活性 ●动力 ●负荷量 ●冗余	生命周期是一项功能，包括以下内容 ●寿命 ●正常运行/停工时间 ●保险 ●责任 ●可维护性 ●服务 ●备件 ●迁移路径 ●标准化 ●基础设施 ●运转成本	用户以外影响购买的因素 ●间接影响 ●顾问 ●采购代理商 ●标准组织 ●政府 ●社会认可程度 ●法律事宜 ●政治 ●股东 ●管理层 ●工人、工作场所

2.4.3 客户需求$APPEALS模型使用方法

使用客户需求$APPEALS模型，可参照如下流程(见图2-9)对产品竞争力进行评价。

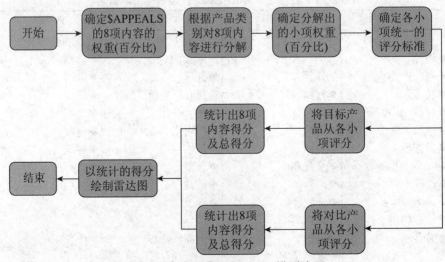

图2-9 客户需求$APPEALS模型流程

第一步：确定$APPEALS的8项指标的权重，即$a_1$，$a_2$，…，$a_i$，…，$a_8$，且 $\sum_{i=1}^{8} a_i = a_1+a_2+\cdots+a_i+\cdots+a_8=100\%(i=1，2，\cdots，8)$；每项指标会因行业、时间、区域的不同而不同。

第二步：根据产品类别，对8项指标进行分解细化，可参考表2-22中各指标的影响因素。

第三步：确定分解出的小项权重。对第二步中分解细化的小项分别配以权重，即$a_{ij}(i=1，2，\cdots，8；j=1，2，3，\cdots，n)$，且 $\sum_{j=1}^{n} a_{ij} = 100\%$，$n$为小项影响因素的数量。

第四步：确定各小项评分标准，例如：可参照表2-22中，优秀=5分，良好=4分，一般=3分，差=2分，不可接受=1分。

表2-22　$APPEALS模型计算表

$APPEALS数据计算(目标/竞争细分市场)								
评分标准	优秀：5		良好：4		一般：3	差：2		不可接受：1
$ 价格			A可获得性			P包装		
小项	a_1	得分	小项	a_2	得分	小项	a_3	得分
技术	a_{11}	A_{11}	渠道	a_{21}		外形	a_{31}	
材料	a_{12}	A_{12}	交货期	a_{22}		几何设计	a_{32}	
人力成本	a_{13}	A_{13}	广告	a_{23}		模块化	a_{33}	
			客户定制	a_{24}		结构	a_{34}	
初得分	100%	B_1		100%	B_2		100%	B_3
权重后得分		C_1			C_2			C_3
P性能			E易用性			A保证		
小项	a_4	得分	小项	a_5	得分	小项	a_6	得分
初得分	100%	B_4		100%	B_5		100%	B_6
权重后得分		C_4			C_5			C_6

(续表)

$APPEALS数据计算(目标/竞争细分市场)								
评分标准	优秀：5		良好：4		一般：3	差：2		不可接受：1
L生命周期成本			S社会接受程度					
小项	a_7	得分	小项	a_8	得分			
初得分	100%	B_7		100%	B_8			
权重后得分		C_7			C_8			

第五步：对目标产品和竞争产品从各小项进行评分并统计出8项指标得分及总得分。可参照公式(1)、(2)、(3)，其中B_i为各小项的实际得分，C_i为乘以权重后的相对得分，D为目标或竞争产品的竞争力分数。

$$B_i = \sum_{j=1}^{n} a_{ij} \cdot A_{ij} = a_{i1} \cdot A_{i1} + a_{i2} \cdot A_{i2} + \cdots + a_{ij} \cdot A_{ij} + \cdots + a_{in} \cdot A_{in} \quad (1)$$

$$C_i = a_i \cdot B_i \quad (2)$$

$$D = \sum_{i=1}^{8} C_i = C_1 + C_2 + \cdots + C_i + \cdots + C_n \quad (3)$$

第六步：根据统计的得分绘制雷达图，见图2-10。

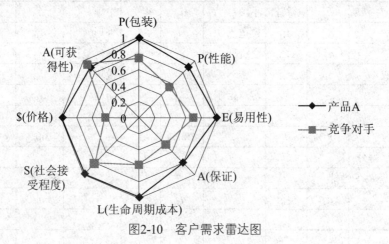

图2-10 客户需求雷达图

2.5 产品排序

在资源(时间、财务、人力等)有限的情况下,公司如何在众多产品中选择具有高市场吸引力、竞争地位的产品?有没有一个标准、一致的方法来帮助公司进行产品投资优先级决策呢?产品排序可以给予我们很大的帮助。

2.5.1 产品排序概述

产品排序是指将公司各产品从影响产品发展的不同维度按照评分标准进行评分,对最终得分结果按分数高低给予排序,使产品的性能以分数的形式表现出来。产品排序结果是产品性能的综合表现。产品排序具有以下作用:

(1) 可按产品的优先级顺序筛选投资对象,对产品性能综合表现较弱的可以直接剔除,不予考虑;

(2) 比较不同产品线的产品实力,确定产品线的强弱,进而合理平衡产品线的发展;

(3) 合理配置产品线内结构,形成良好的产品梯度,支持公司长期、可持续的快速发展。

但是,由于产品排序是对产品综合性能的评估,从产品排序结果中,不能直接区分产品的优点和缺点,不方便公司根据分数大小直接制订针对性的营销策略。

2.5.2 产品排序方法

本节将介绍组合决策标准(PDC,portfolio decision criteria),作为公司评估产品投资优先级的参考标准。它从产品的3个维度:市场吸引力、竞争地位和财务能力,共12个要素来评估。首先,我们详细介绍市场吸引力、竞争地位和财务能力这3个维度。

1. 市场吸引力

产品/服务具有引导人们沿着一定方向前进的力量,刺激消费者进行商业活动,它是由市场规模、市场增长率、市场收益率、竞争强度等多种因素综合作用的结果。市场吸引力常见的典型影响因素见表2-10,表2-24组合决策标准选择了较为重要和关键的前五个因素。

2. 竞争地位

企业在目标市场中所占据的位置,它是企业规划竞争战略的重要依据。它是由市场份额、市场份额的成长性、产品优势等多种因素综合影响作用的结果。竞争地位常见的典型影响因素见表2-16,表2-24选择了较为重要和关键的四个因素。

3. 财务能力

企业对财务可控资源的控制力,指企业所拥有的财务资源和所积累的财务能力的有机组合体,是企业综合实力的反映和企业活力的价值体现。它有4个重要的影响因素:盈利能力、偿债能力、营运能力和发展能力。

(1) 偿债能力:反映企业偿还到期债务的能力。

(2) 营运能力:反映企业利用资金的效率。

(3) 盈利能力:反映企业获取利润的能力。

(4) 发展能力:反映企业发展快慢的能力。

每个影响因素对财务能力的影响大小和作用都可以从不同角度,利用不同指标进行分析或者加权量化，详细计算方法见表2-23。对于公司的产品战略规划，我们主要从开发费用、发展能力(营业收入增长率)、营运能力(现金流贡献率)三个维度去分析，详见表2-24。

表2-23 财务能力典型影响因素

评价指标	影响因素	分析指标	计算方法
财务能力	盈利能力	主营业务利润率	主营业务利润÷主营业务收入×100%
		成本费用利润率	利润总额÷企业成本费用总额×100%
		总资产报酬率	(利润总额+利息支出)÷平均资产总额×100%
		净资产收益率	(净利润÷平均净资产)×100%
		社会贡献率	社会贡献总额÷平均资产总额×100%
		社会积累率	上交国家财政总额÷企业社会贡献总额×100%
	偿债能力	短期偿债能力	1. 流动比率=流动资产÷流动负债 2. 速动比率=(流动资产−存货−其他流动资产)÷流动负债 3. 现金流动负债比率=经营现金净流量÷流动负债
		长期偿债能力	1. 资产负债率(或负债比率)=负债总额÷资产总额 2. 产权比率=负债总额÷所有者权益 3. 已获利息倍数=息税前利润÷利息费用 4. 长期资产适合率=(所有者权益+长期负债)÷非流动资产
	营运能力	流动资产周转情况	1. 应收账款 (1) 应收账款周转率=营业收入净额÷平均应收账款 (2) 应收账款周转天数(平均应收账款回收期)=360÷应收账款周转率=(平均应收账款×360)÷营业收入净额 2. 存货 (1) 存货周转率(次)=营业成本÷平均存货 (2) 存货周转天数=360÷存货周转率 3. 流动资产 (1) 流动资产周转率=营业收入净额÷平均流动资产 (2) 流动资产周转天数=360÷流动资产周转率=(平均流动资产×360)÷营业收入净额
		固定资产周转情况	固定资产周转率(次)=营业收入净额÷平均固定资产
		总资产周转情况	总资产周转率(次)=营业收入净额÷平均固定资产
	发展能力	营业收入增长率	本年营业收入增长额÷上年营业收入总额×100%
		总资产增长率	(本期总资产增长额÷年初资产总额)×100%
		固定资产成新率	(平均固定资产净值÷平均固定资产原值)×100%

表2-24 组合决策标准

评价指标	评价因素	权重	产品名称			
			X_1	X_2	X_3	...
市场吸引力	市场规模	a_1	X_{11}			
	竞争程度	a_2	X_{12}			
	市场增长率	a_3	X_{13}			
	市场收益率	a_4	X_{14}			
	战略价值	a_5	X_{15}			
竞争地位	市场份额	a_6	X_{16}			
	产品优势	a_7	X_{17}			
	品牌优势	a_8	X_{18}			
	渠道优势	a_9	X_{19}			
财务能力	开发费用	a_{10}	X_{110}			
	营业收入增长率	a_{11}	X_{111}			
	现金流贡献率	a_{12}	X_{112}			
最终得分		100%	Q_1	Q_2	Q_3	
排序						

市场吸引力、竞争地位和财务能力这三个维度结合企业产品战略实际情况，选出12个要素作为组合决策标准的评价因素，根据行业、企业实际情况确定各要素权重(各权重相加之和为100%)，再对每个评价指标的每个影响因素按照评分标准表2-25进行评分，最后计算出每个项目的总分，按照分数高低进行产品排序，得分高的项目排序靠前。

组合决策标准提供了一种标准，来确定具有不同潜力的产品的开发投资优先级；同时，在公司范围内，与公司战略、业务目标保持一致，确定哪些产品需要加大投入，哪些产品应该放弃，使公司能够更好地执行其战略方向；最后根据各产品不同的开发投资优先级，可以合理规划公司的人力、物力和财力，使公司的资源得到最优化利用。

表2-25 组合决策打分标准

因素	打分标准			
	10分	7分	4分	1分
市场规模	>a亿	b~a亿	c~b亿	<c亿
竞争程度	相差悬殊,份额相差>40%	相差较明显,份额相差20%~40%	相差不明显,份额相差10%~19%	实力接近,份额相差<10%
市场成长性	>30%	>20%	>10%	<10%
市场收益率	>60%	40%~59%	30%~40%	<30%
战略价值	与公司核心竞争力直接相关的产品	与公司核心竞争力相关的产品	与公司核心竞争力间接相关的产品	与核心竞争力无关的产品
市场份额	>80%	50%~80%	30%~50%	<30%
产品优势	明显优于同类产品	有局部优势	低于同类	质量差
品牌优势	品牌能够直接产生购买	品牌能够促进购买	品牌影响力弱	几乎无品牌影响力
渠道能力	渠道的实力优秀,且受控制	渠道实力较好且能够控制	渠道实力一般或无法控制	渠道实力一般且难以控制
开发费用	投入销售额>10%	投入销售额6%~9%	投入销售额3%~5%	投入销售额<3%
销售收入增长率	>20%	10%~20%	5%~10%	<5%
现金流贡献	主要现金流的来源	非主要现金流来源	盈亏平衡	亏损

注释：(1)市场空间要素中，a、b、c为市场空间容量且$a>b>c$；

(2)竞争程度、市场成长性、毛利率、市场份额、开发费用和销售收入增长率中的各百分比范围根据行业、公司的各自情况可以适当调整。

2.5.3 产品排序步骤

产品规划人员在使用组合决策标准(PDC)时，可以参照以下步骤(图2-11)对公司、产品线、区域产品进行排序，为决策作准备。

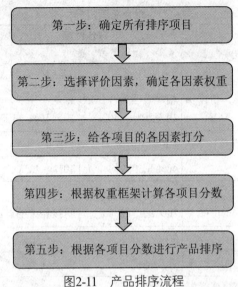

图2-11 产品排序流程

第一步：明确公司的排序产品。首先确定是公司所有产品，还是某产品线所有产品，还是某区域所有产品；然后确定是将所选类别中所有产品进行排序，还是选择部分，即有代表性的、新产品、老产品等。

第二步：选择评价因素，确定各因素权重。在表2-25给出的12个要素中，可以根据行业、公司的实际情况，进行有条件地选择部分参考因素进行评估，也可以使用全部因素；对确定的各因素，按照其重要性给予权重。可以先确定三大评价指标(产品吸引力、竞争地位、财务能力)的权重，再对每个指标的各因素进行权重分配。

第三步：给各产品项目的各因素打分。参照提前确定的打分标准逐项给各项目的各因素进行评估，评估过程可以几个人共同商定分数，也可以将打分表发给打分人分别打分，最后计算平均分数。打分人应该由公司高层主管、产品经理、财务部门等不同职能部门的人共同参与。

第四步：根据权重框架计算各项目分数。当所有项目各因素评分完毕，按照公式(1)将各评价因素分数和相应权重相乘，计算各产品项目的总分。

$$Q_i = \sum_{j=1}^{12} X_{ij} \cdot a_j = X_{i1} \cdot a_1 + X_{i2} \cdot a_2 + \cdots + X_{ij} \cdot a_j + \cdots + X_{i12} \cdot a_{12}; \tag{1}$$

$1 \leqslant X_{ij} \leqslant 10$；

$a_1+a_2+a_3+\cdots+a_{12}=100\%$；

i=1，2，3，…，代表不同的产品；

$1 \leqslant j \leqslant 12$，代表产品的不同评价因素。

第五步：根据第四步的分数结果，按照分数由高到低的顺序进行排序。

2.6 "7、2、1"原则

在产品发展的过程中，相对于公司的需求而言，公司的资源总是表现出相对的稀缺性，从而要求公司对有限的、相对稀缺的资源进行合理配置，以便用最少的资源耗费，生产出最适用的产品，获取最佳的效益。资源配置合理与否，对一个企业发展成败有着极其重要的影响。下面我们将介绍"7、2、1原则"，帮助企业进行资源配置。

2.6.1 "7、2、1"原则

"7、2、1原则"是参考通用电气公司前CEO杰克·韦尔奇提出的"活力曲线"的内涵，见图2-12，即将员工的业绩分成A、B、C三类，分别占员工总数的20%、70%和10%(业绩排在前面的20%的员工(A类)、中间的70%的员工(B类)和业绩排在后面的10%的员工(C类)，对这三类业绩的员工公司采取不同的管理方式)。

"7、2、1原则"将这种分类方式稍加调整应用到公司有限资源的配置问题上，即当公司发展到一定阶段，面对公司的主力产品、辅助业务和新业务，以及公司的各销售区域、众多产品线，该如何分配公司的有限资源的问题。这里，首先将所要被分配的项目分成如下三大类。

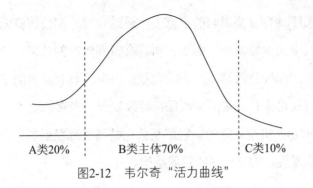

图2-12 韦尔奇"活力曲线"

1. 聚焦项目

公司目前的重要项目(产品线/产品/区域/渠道)。这些项目是公司现金流、利润、市场份额以及品牌的主要承担者。

2. 重点突破

市场潜力大、销售额可以迅速增长,能通过重点投入在未来1~2年重点推广的、有望成为"明星类"的项目(产品线/产品/区域/渠道)。

3. 尝试布局

市场潜力大,竞争不激烈,至少在一年内不会产生利润的项目,但未来发展潜力巨大,对公司以后有重要影响的,公司为长远发展而进行尝试性布局的产品,对这类产品,一般会在每年的产品战略规划时重新审视。

面对公司的这三项业务,"7、2、1原则"建议的资源配置比例为:70%的资源投入到聚焦项目;20%的资源投入到突破项目;10%的资源投入到布局项目上。见图2-13。

"7、2、1原则"可分别适用于:公司产品线的资源配置、公司产品的资源配置、地区/区域的资源配置、渠道的资源配置等。

"7、2、1原则"强调的是分清业务在某一时间段上对公司贡献的重要度,对业务进行差异化分配资源。有一句俗话:"捡了芝麻,丢了西瓜",说的就是不会应用"7、2、1原则"的人。在公司发展的道路上,要将主要精力关注具有重要影响的事物上,通过合理分配公司资源到"聚焦业务"——总数中的少数部分,那么公司将会得到较好的结果,这个"聚焦业务"就是西瓜,保证公司健康、正常发展;再突破具有潜力的事物和布局新兴事物,公司就可紧跟时代的步伐保持持续发展;当然忽视"2(重点突破)"和"1(尝试布局)"也是危险的,它们是公司持续长远发展的火花塞,使公司业务形成梯队发展,构建良好的发展结构。

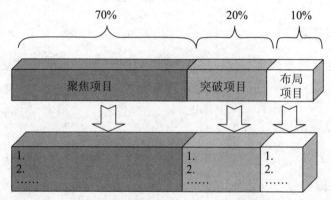

图2-13 资源配置的"7、2、1原则"

注:(1)"7、2、1原则"中的"7"不是绝对数量的70%;

(2)这里的资源不单指金钱,而是公司的人力、物力、财力等的总称。

2.6.2 "7、2、1"原则的作用

"7、2、1"原则对公司资源的合理配置,对营销管理等方面具有重要作用,具体体现在如下几个方面。

(1)明确各项目的重要级别,制订适合的战略角色和结构。即通过定性或定量的方法,对所需项目进行评估、分类,为不同类别的产品角色定位提供了依据,方便项目角色制订和结构安排。

(2)有助于公司各项资源的合理配置,提升公司管理水平。对待不同重要级别的项目,公司需采取差异化的管理策略,要因地制宜和对症下药,使资

源安排更有目标性、计划性和针对性。

(3) 有助于采取匹配的营销策略,提高公司盈利能力。对待重要级项目,重点聚焦和大力投入,为项目盈利能力增加足够的动力,深入挖掘该项目的盈利能力;同时,着眼全局,兼顾潜力大的产品和新产品,为公司的未来发展打下坚实的基础。

(4) 有助于快速找到项目规划的失误之处,及时纠正项目发展方向和策略。利用定性和定量的方法,从不同评价角度和权重全面分析、计算项目重要性,分析结果更加精确和标准,可从分析结果出发看是否与公司战略方向相一致,从产品排序表中可方便、快速、准确查阅项目的优势指标和劣势指标,看策略是否对症下药。

(5) 有助于新产品开发与定位。可从"2(重点突破)"和"1(尝试布局)"着手,发现市场机会,提早进行市场调研、产品研发、生产和布局,提高公司竞争力。

2.6.3 "7、2、1"原则的使用方法

"7、2、1"原则的使用可以参照如下步骤。

1. 收集数据

按分析对象和分析内容,收集有关数据。例如,若分析公司的产品,则应收集各区域产品销售量、销售额、利润增长率等区域性数据,数据可以通过各区域办事处提供,也可以参照政府或权威杂志发布的数据。

2. 处理数据

对收集来的数据资料进行整理,可以利用产品排序方法对产品进行排序,也可以利用SPAN(产品战略定位分析)对产品、产品线、销售区域和渠道进行定位。

3. 根据7、2、1原则确定分类

这里可以简单地根据产品排序表中结果，当分数>M，给予"7(聚焦)"定位；当N<分数<M，给予"2(重点突破)"定位；当分数<N，给予"1(尝试布局)"定位。

或者结合产品排序结果和SPAN结果，对公司目前现金流、利润、市场份额以及品牌的主要承担者给予"7(聚焦)"定位；对市场潜力大、销售额可以迅速增长，能通过重点投入在未来1~2年重点推广的、有望成为"明星类"的项目(产品线/产品/区域/渠道)给予"2(重点突破)"定位；对于市场潜力大，竞争不激烈，至少在一年内不会产生利润的项目，但未来发展潜力巨大，对公司以后有重要影响的给予"1(尝试布局)"定位。

第3章
公司级产品战略规划

产品战略规划

本章内容结构图

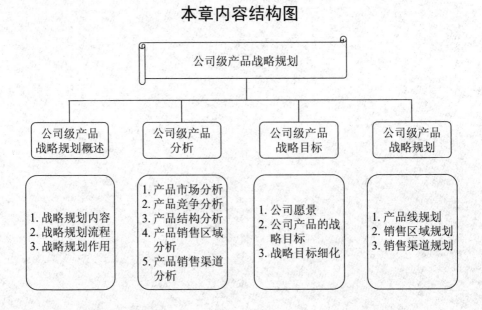

3.1 > 公司级产品战略规划概述

　　公司级产品战略规划是产品战略规划的基准,是产品线战略、区域战略和主要产品发展规划的纲领;它运用严格、规范的方法对公司产品的市场发展趋势、客户需求、竞争环境、产品结构合理性进行分析;参考公司的愿景和目标,对公司各项目(产品线、产品、销售区域和渠道)制订未来的发展战略。良好的公司级产品规划将有利于下一级别规划的准确性和执行性,它们共同为公司产品的发展指引方向,是公司产品运行的参考标准。

3.1.1 公司级产品战略规划内容

公司级产品战略规划是从公司的角度,对公司产品的各项内容进行详细分析并进行战略性规划,主要包括以下内容:

(1) 明确公司产品所处行业的现状、发展趋势和竞争对手的状况;

(2) 建立公司的产品地图,分析公司产品结构的合理性;

(3) 规划产品线/产品的"7、2、1",明确聚焦产品线/产品,突破产品线/产品和布局产品线/产品,确定不同产品线的发展途径和销售模式;

(4) 规划销售区域的"7、2、1",明确聚焦区域,突破区域和布局区域,确定不同区域的发展途径和销售模式;

(5) 规划销售渠道的"7、2、1",明确聚焦渠道,突破渠道和布局渠道,确定不同渠道的发展途径。

3.1.2 公司级产品战略规划流程

公司级产品战略规划流程从六个步骤对产品进行规划,规划人员可参考相应步骤需求搜集资料、分析市场和产品,并运用科学的方法对公司级产品进行战略规划,见图3-1。

第一步:产品市场和竞争分析。利用营销部、市场部、销售部提供的资料对公司产品的外部环境进行分析,产品市场分析是从行业特征、行业发展趋势和消费者需求三个方面进行分析;产品竞争分析是从行业竞争"五力"、竞争对手市场行为、与竞争对手能力比较这三个方面进行分析。通过产品市场和竞争分析,我们将了解产品市场的机会和威胁。

第二步:产品结构分析。它是从公司的整体产品线、销售区域、销售渠道三个方面进行分析,产品线分析是从贡献度、成长性和战略定位角度分析,销售区域主要是利用区域定级模型对公司产品区域进行分析,销售渠道是利用渠道定级模型对公司产品渠道进行分析；通过分析，我们将了解产品自身状况的优势与劣势，结合步骤一的产品市场的机会与威胁，输出产品的SWOT分析。

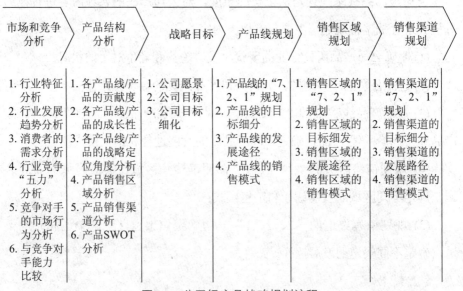

图3-1 公司级产品战略规划流程

第三步：明确公司战略目标。通过公司所在行业市场和竞争分析、公司产品分析，并参考公司愿景、使命，制订公司产品的战略目标，它包括长期、中期和短期三个阶段；这三个阶段目标将指导规划人员对公司产品线、产品、区域和渠道进行战略规划。

第四步：产品线战略规划。是对公司所有的产品线进行规划，包括产品线"7、2、1"规划、产品线的目标细分、发展途径和销售模式四个方面。

第五步：销售区域战略规划。对公司产品的所有销售区域进行规划，包括销售区域"7、2、1"规划、销售区域的目标细分、发展途径和销售模式四个方面。可对第六章具体区域的规划进行指导。

第六步：销售渠道战略规划。是对公司产品的所有销售渠道进行规划，包括销售渠道"7、2、1"规划、销售渠道的目标细分、发展途径和销售模式四个方面。

3.1.3　公司级产品战略规划作用

公司级产品战略规划是产品战略规划的第一步，是公司产品最高层次的战略规划；它提供了一个具有宏观性、方向性、指导性的决策依据，避免规划的盲目性；它提纲挈领，对公司产品战略规划发挥着重要的作用，主要体现在如下几个方面。

第一，为实现公司愿景提供战略途径。面对公司的愿景，我们必须制订公司发展途径，公司级产品战略规划首先分析了市场和竞争环境，明确产品的细分市场，使公司产品能够更好地满足细分市场中消费者的需求，通过提高公司产品对消费细分市场的满意度来完成公司的愿景。

第二，促进公司有节奏的稳步发展。参照公司愿景，通过对公司产品各方面的分析，确定企业发展的近期、中期、远期目标，对企业的发展进行阶段性指导，突出各阶段工作的重点，使企业能够更好地适应市场变化，避免发展中的大起大落，实现企业可持续健康发展。同时，也能提高企业凝集力，使员工自觉融入企业的发展目标中，群策共力。

第三，提供产品规划的总方针。它是从公司产品全局出发，产品线、区域产品、产品渠道的战略规划都必须参照公司级产品战略规划方案，要保持公司产品规划的上下一致，即为局部规划提供了标准性参考依据。

第四，提高企业的抗风险能力，有效化解市场风险。"不要将所有的鸡蛋放在一个篮子里"的古老投资格言形象地指引了公司的资源配置。因此，在发展聚焦项目的同时，对部分项目进行突破和布局，促进公司多元化发展和新区域的项目拓展；这部分项目可作为对聚焦项目承担风险和吸收损失的渠道，进行风险分散，从而增强整个公司的风险控制能力。

第五，增强公司的品牌优势。在企业，产品战略规划并非眉毛胡子一把抓，而是重点关注聚焦业务，分配更多公司的人力、物力、资金、技术等资源，将其做强做大。

3.2 公司级产品分析

企业与外部环境共同形成一个大系统,两者必须相互配合,才能产生系统效应。从企业角度来看,外部环境是企业不能控制的客观条件,时刻处于变动之中,但是我们可以掌握它的基本状况;企业必须根据外部环境对自身系统进行调整,适应外部环境变化的同时巩固自己的地位,发展自己的市场;这正像生态学中生物体与外界环境的关系一样,遵循"适者生存,优胜劣汰"的原则。

公司级产品分析就是运用相关理论和工具从产品外部环境和自身状况两个角度进行分析。外部环境分析是从产品市场和竞争情况两方面进行分析;产品自身情况分析是从产品结构、销售区域和销售渠道三个方面进行分析。分析结果帮助规划人员找到公司产品市场的机会和威胁,自身优势与劣势。

3.2.1 产品市场分析

公司级产品市场分析是根据相关市场调查资料与数据,运用专业经济知识和统计方法明确公司所处行业的特征、发展趋势和消费者需求,为公司产品规划提供一个市场范围与需求空间。

1. 行业特征分析

行业分析是公司产品分析的前提,行业特征是决定公司是否具有投资价值的重要因素之一。如果直接进行企业产品分析,会影响我们对产品未来发展的预测,因为我们不知道公司所在行业的发展现状和公司在整个行业中的位置,因此首先有必要从行业进行分析。行业特征分析主要包括行业的市场类型、变动规律和生命周期三个部分。

(1) 行业市场类型

随着行业中企业数量、产品性质、价格制订和其他一些因素的变化,行业的经济结构呈现不同的特征,根据行业的经济结构,可将行业基本上分为四种市场类型,即完全竞争、垄断竞争、寡头垄断和完全垄断,表3-1对这四种市场类型进行了详细的分析和比较。

表3-1 四种市场类型

市场类型	定义	特点
完全竞争	该行业中有很多独立生产者,他们都以相同的方式向市场提供同质产品	1. 企业是价格的接受者,而不是价格的制订者,也就是说企业不能够影响产品的价格 2. 所有企业向市场提供的产品基本上是同质的、无差别的 3. 生产者众多,所有资源可以自由流动 4. 企业的盈利基本上是由市场对产品的需求决定的 5. 生产者和消费者对市场完全了解,可随意进入/退出行业
垄断竞争	一个行业中有许多企业生产同一种类但具有明显差别的产品	1. 企业生产的产品同种不同质,即产品基本相似,但在质量、商标、包装、大小以及卖者的服务态度、信用等方面存在一定的差别 2. 从某种程度上说,企业对自身产品的价格有一定的控制能力,是价格的制订者 3. 生产者众多,所有资源可以流动,进入该行业比较容易 4. 在国民经济各产业中,大多数生产成品的市场类型都属于这种类型

(续表)

市场类型	定义	特点
寡头垄断	一个行业中少数几家大企业(称为"寡头")控制了绝大部分的市场需求量	1. 企业为数不多，且相互影响与依存。因此，每个企业的经营方式和竞争策略都会对其他几家企业产生重要影响 2. 产品差别可有可无，当产品无差别时称为纯粹寡头垄断；当产品有差别时称为差别寡头垄断 3. 生产者较少，进入该行业十分困难 4. 寡头垄断在现实中是普遍存在的，资本密集型、技术密集型行业，如汽车行业，石油行业以及少数储量集中的矿产品等产品市场多属这种类型。生产所需的巨额投资、复杂技术或产品储量分布成为限制新企业进入寡头垄断型行业的主要障碍
完全垄断	一个行业中只有一家企业生产某种特质产品。特质产品指没有或基本没有其他替代品的产品	1. 一个行业仅有一个企业，也就是说这个垄断企业就构成了一个行业，其他企业进入这个行业几乎是不可能的 2. 产品没有或缺少合适的替代品，因此垄断企业能够根据市场的供需情况制订理想的价格和产量，在高价少销和低价多销之间进行选择，以获取最大利润 3. 垄断者的自由性是有限度的，要受到政府管制和反垄断法的约束 4. 在现实经济生活中，公用事业(如铁路、煤气公司、自来水公司和邮电通信等)和某些资本、技术高度密集型行业或稀有金属矿藏的开采等行业属于这种完全垄断的市场类型

我们可以看出，如果按照经济效益的高低和产量的大小排列，上述四种市场类型依次为完全竞争、垄断竞争、寡头垄断和完全垄断；而按照价格的高低和可能获得的利润的大小排列，则次序正好相反，即依次为完全垄断、寡头垄断、垄断竞争和完全竞争。

(2) 行业的经济周期分析

各行业变动时，往往呈现出明显的、可测的增长或衰退的格局。根据这些变动与国民经济总体周期变动的密切程度不同，可以基本将行业分为增长型行业、周期型行业和防御型行业，见表3-2。

表3-2 行业按经济周期运动形态分类

行业周期类型	特点	图形
增长型行业	1. 增长型行业的运动状态与经济活动总水平的周期及其振幅无关，其收入增长的速率与经济周期的变动不会出现同步影响 2. 这些行业主要依靠技术的进步、新产品的推出及更优质的服务来使其经常呈现出增长形态	
周期型行业	1. 周期型行业的运动状态直接与经济周期相关；当经济处于上升时期，这些行业会紧随其扩张；当经济衰退时，这些行业相应衰落 2. 当经济上升时，对这些行业相关产品的购买会相应增加 3. 消费品业、耐用品制造业及其他需求弹性较高的行业，就属于典型的周期型行业	
防御型行业	防御型行业运动形态因其产业的产品需求相对稳定，不受经济周期处于衰退阶段的影响，相反，当经济衰退时，防御型行业或许会有实际增长。例如食品业和公用事业。正因为如此，投资者对防御型行业的投资属于收入投资	

(3) 行业生命周期分析

一般而言，每个行业都要经历一个由成长到衰退的发展演变过程，这个过程便称为行业的生命周期。行业的生命周期通常可分为四个阶段，即初创阶段、成长阶段、成熟阶段和衰退阶段，见图3-2，每个阶段都有不同的表现特点，识别行业生命周期所处阶段的主要指标有：市场增长率、需求增长率、产品品种、竞争者数量、进入壁垒及退出壁垒、技术变革、用户购买行为等，详细特点见表3-3。

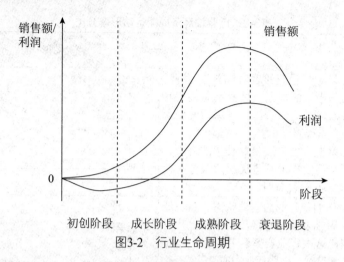

图3-2 行业生命周期

表3-3 行业的生命周期分析

生命周期阶段	说明
初创阶段	这一时期的产品设计尚未成熟,行业利润率较低,市场增长率较高,需求增长较快,技术变动较大,行业中的企业主要致力于开辟新用户、占领市场,但此时技术上有很大的不确定性,在产品、市场、服务等策略上有很大的余地,对行业特点、竞争状况、用户特点等方面的信息掌握不多,企业进入壁垒较低
成长阶段	这一时期的市场增长率很高,需求高速增长,技术渐趋定型,行业特点、行业竞争状况及用户特点已比较明朗,企业进入壁垒低,产品品种及竞争者数量增多
成熟阶段	这是一个相对较长的时期,此时市场增长率、需求增长率不高,技术上已经成熟,行业特点、行业竞争状况及用户特点非常清楚和稳定,买方市场形成,行业盈利能力下降,新产品和产品的新用途开发更为困难,行业进入壁垒很高
衰退阶段	这一时期的行业生产能力会出现过剩现象,技术被模仿后出现的大量替代产品充斥市场,产品的销售量开始下降,导致市场增长率严重下降,需求下降,利润下降,产品品种及竞争者数目减少

通过对行业市场类型、经济周期运动形态和生命周期的分析、判断,可以初步判定该行业这一时期盈利水平的高低、经营的稳定状况等特征,对后续的产品市场分析、规划确定起指导作用。

2. 行业发展趋势分析

行业发展趋势是建立在目前行业发展状况的基础上，对行业未来发展走向的一种预测。我们将从行业历年经营状况、行业成长性、行业安全性和行业发展驱动力四个方面进行分析。

(1) 行业历年经营状况

行业历年经营状况是分析该行业在某区域入市以来销售额、利润等的表现情况，通过各项目数据统计，可以将结果呈现在类似于图3-3的图表中，即横轴表示时间，纵轴表示销售额的二维表中，便于后续分析。

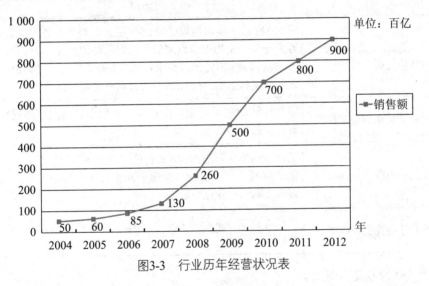

图3-3　行业历年经营状况表

(2) 行业成长性

行业成长性是指行业在一定时期内经营能力的发展状况，它是衡量行业发展速度与稳定性的重要指标，可利用总资产增长率、固定资产增长率、主营业务增长率、主营利润增长率和净利润增长率等指标进行评价。

其中最重要的参考指标是主营业务年度增长率。整合公司三年以上的财报，主营业务年收入平均增长率连续稳定在50%以上的属于高速发展，在30%～50%属于快速增长，在10%～20%属于稳定增长，10%以下的属于缓慢增长,当然还有负增长。新兴行业的增长率比传统行业高,而传统行业的增长稳定性要比新兴行业好。

(3) 行业安全性

行业安全性是指行业的风险抵御能力,安全性在经济不景气时的影响会非常大(例如经济危机)。判断行业安全性有行业企业数量占行业总体规模比例、行业增长率的稳定性、行业集中度、行业社会评价和政策四个指标,详细解释见表3-4。

表3-4 行业安全性评价指标

评价指标	说明
行业企业数量占行业总体规模比例	例如A行业,年市场规模是1 000亿元,整个市场大概有100万家企业,平均下来每家的营业规模是10万元;B行业,年市场规模是100亿元,整个市场有100家企业,平均每家的营业额是1亿元。显然B行业的公司有更强的抗风险能力
行业增长率的稳定性	增长性波动越大,安全性越低,遇到不景气的环境就容易破产、裁员等
行业集中度	某行业的相关市场内前N家企业所占市场份额的总量。行业集中度低,行业的竞争就激烈,优胜劣汰经常发生;行业集中度高,行业比较稳定
行业社会评价和政策	没有群众基础的行业和被政策限制的行业,是没有安全感的行业

(4) 行业发展驱动力

行业发展的驱动力是指能促使行业向前发展的力量,具体体现在行业需求、行业供给、成本、技术水平、政策激励等方面,每一个驱动力有若干个驱动因素,例如:行业需求受人均GDP、人均可支配收入、经济景气指数等因素影响,具体内容见图3-4。

公司可以根据不同行业分析其驱动力,明确驱动因素。关注重点驱动力,可以为公司的发展创造有利条件,促进行业与公司的快速发展。

第3章 公司级产品战略规划

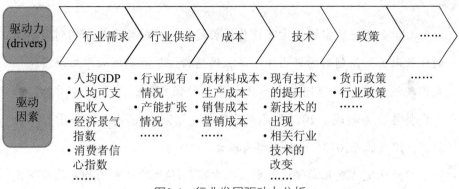

图3-4 行业发展驱动力分析

案例展示

本案例中我们将分析保健品市场发展状况,按照世界医药市场环境发展状况、中国中医药产业的发展状况、中国中医保健市场发展状况三个层次逐级分析。

1. 世界医药市场环境发展状况

首先,通过收集资料,绘制了世界医药市场从2002—2011年的发展历程,见图3-5。

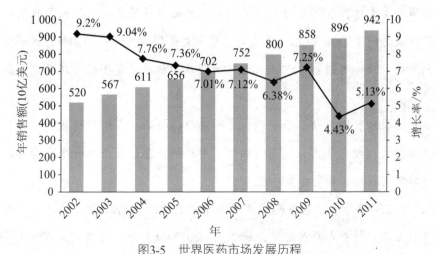

图3-5 世界医药市场发展历程

由于全球医药市场处方药销售增长趋缓、重磅炸弹药专利到期高峰的到来以及医药创新的产出率下降，医药行业早期高增长率难以维持。我们观测到在这段时间里全球医药产品的销售额虽然在持续增加，但产业整体增速趋缓。2011年产业销售额达到9 420亿美元，年增长率为5.1%，比最低点2010年的4.5%略有回升。

对产业发展起正面促进的因素主要有：(1)生物技术药物发展获得突破；(2)新产品的批准率及获批速度回升；(3)小众病患医药产品一鸣惊人；(4)新兴市场带入活力；(5)疾病重点分布改变和新的治疗方法活跃等。

影响全球医药产业发展的负面因素主要有：(1)专利悬崖来临引起仿制药的激烈竞争以及公众对药品安全隐患的关注等原因，使得很多处于重磅炸弹地位的药品销售额急剧下降；(2)整个产业的研发产出面临瓶颈，从而引起研发投入的困境等。

2. 中国中医药产业的发展状况

随着改革开放力度的不断加深，越来越多的医药企业抓住了发展契机，促进我国医药市场地位不断提升。我国医药市场2005年位居全球医药市场第九位，2009年时已经成为全球第七大医药市场；2011年我国市场规模达到了500亿美元，成为全球第三大医药市场；到2020年，我国医药市场规模将达到3 000亿美元左右，将成为仅次于美国的全球第二大药品市场。

日益增长的物质水平和精神文明建设的提高，人们对健康的要求从具体落实到理念认同，越来越细化，中医药产业已经进入一个内外部环境非常有利的新黄金发展时代。

2012年5月末，商务部首次发布中药材重点品种流通分析报告，初步建立中药材重点品种流通分析体系；2012年6月初，《中医药事业发展

"十二五"规划》正式印发,对2015年中医药医疗资源和服务等方面提出了具体的目标,如"力争100%的地市建有地市级中医医院,70%的县中医医院达到二级甲等中医医院水平"等;2012年8月初,国家发改委批复了包括青藏高原冬虫夏草培育开发研究中心在内的8个项目,其中6个项目与中药相关。

据报道,"十一五"期间,我国对中药材产业的资金扶持规模为2 500万元,"十二五"期间规划增加大约1亿元,资金扶持规模将达1.35亿元。大于"十一五"期间5.4倍的资金支持,给中药材产业投资带来无限升值空间。

3. 中国中医药保健市场发展状况

保健品行业包括:膳食补充剂、中药保健品、保健器械三大子行业,以中医药养生保健理念为指导的保健品产业已经成为我国健康产业的重要组成部分。

中医理论、食疗理论和传统的养生理论源远流长,是我国发展保健产业得天独厚的优势。随着政府有关部门对养生文化、中医"治未病"等有关知识的普及,中国的养生文化被越来越多的人认同和接受,并且深入人心。同时,在东南亚地区,包括日本、韩国、泰国、新加坡等国对中医养生都有非常高的认同感,为中药保健产品市场的扩大提供了很大的空间。

据统计,2011年中国保健品行业市场规模达到1 260亿元,较2010年增长接近20%。当中膳食补充剂市场规模为781.2亿元,占整个保健品规模的62%;中药保健品市场规模达到340.2亿元,占整个保健品规模的27%;此外,保健器械市场规模为138.6亿元,占整个保健品规模的11%,见图3-6。

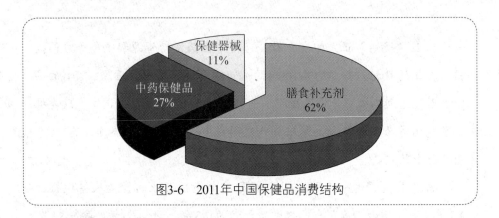

图3-6 2011年中国保健品消费结构

3. 消费者的需求分析

消费者是使用产品、消耗产品的人,是公司产品的最终接受者,每个公司都希望拥有一定数量的消费者来购买公司产品,因此公司需要了解消费者对此类产品的需求,从中找到吸引消费者的方法。

进行消费者需求分析,首先要对公司产品市场进行细分,可参照2.1节中的方法确定公司产品的细分市场;针对公司的各细分市场,再分析不同细分市场里消费群的需求,可以从价格、可获得性、性能、包装等方面进行分析,详细需求内容见表3-5。

表3-5 消费者对产品的需求

需求	说明
价格	消费者对于他们获得的合格产品或服务所愿意支付的价格
可获得性	消费者的购买体验:更容易、更有效(即消费者以其自己的方式拥有它)
性能	消费者期望的产品性能和功能
包装	对产品质量、性能、外观的一种主观视觉属性
易用性	产品或服务易于使用方面的属性
保证	一般用于代表可靠、安全、品质
时间	消费者购买或使用产品/服务的喜好时间
社会接受程度	品牌、第三方专家的观点和意见、咨询顾问的观点、形象、行业标准、规章制度、社会提案、法律关系等

第3章 公司级产品战略规划

我们以××公司的中成药类产品的消费群需求分析为例,该公司中成药类产品的细分市场为:老年人、中年人、年轻女性和特定人群,我们借助表3-5列出各目标消费群,并从其自身特点和需求两方面进行分析,见表3-6。

表3-6 ××公司中成药类产品的消费群需求分析

目标消费群	特点	需求分析
老年人	50岁以上,机体形态和机能逐渐出现衰老现象。对公司产品有传统信任和认同,是最忠实的消费者,乐于向他人推荐	购买时间主要集中在秋冬季 功效要求:综合滋补、健体 关注疗效、价格、品牌、促销政策
中年人	35~50岁,是青年的延续,向老年的过渡时期,身体的各个部分逐渐发生退行性变化,内脏器官、生理功能开始减弱。工作、生活压力大	功效要求:解决疲劳乏力 关注疗效、品牌、价格、服用方便性、服务
年青女性	25~35岁,易受中老年建议影响,易于转化成长期消费人群	功效要求:补血、滋补 关注品牌、疗效、价格、包装的时尚性
特定人群	主要可分为三种: 1. 病患者,如贫血者、白细胞低下者及其他病患 2. 体弱者 3. 单位团购 4. 旅游者	1. 病患者、体弱者:治病康体,关注疗效、价格 2. 单位团购、送礼人群:关注品牌、包装(手提袋)、价格 3. 旅游者:关注正宗性、品牌、包装

3.2.2 产品竞争分析

同行业企业在生产经营活动中会提供同类产品/服务,企业为取得较好的产销条件、获得更多的市场资源、实现自身的经济利益和既定目标而不断和其他企业进行角逐，因此同行业企业间发生竞争一般是不可避免的，企业在经营活动中，必须一只眼盯着消费者，另一只眼盯着竞争对手。在本节我们将进行公司级产品竞争分析，主要是明确本行业竞争对手，分析竞争对手的市场行为，本公司与竞争对手重要经济指标比较三个方面。

1. 竞争的"五力"分析

竞争分析可以借鉴波特的"五力"竞争模型(图2-7)，它从行业参与者的角度勾勒出一个行业的轮廓，这些参与者对行业的发展具有不同的作用力，分别为：业内竞争对手的竞争、供应商议价能力、购买者议价能力、替代产品/服务的威胁、新进入者的威胁。波特认为：竞争战略的制订必须基于对这些竞争规则的深切理解，开发竞争战略的终极目标应影响或改变这些因素，使之有利于组织发展。那么，我们现在来分析每种作用力的范围，见表3-7。

表3-7 五种作用力及作用范围

"五力"内容	"五力"作用范围
业内竞争对手的竞争	这个力量是五个力量中最大的影响力，它主要由以下几个因素决定： (1) 市场增长率。高市场增长率将会降低竞争的激烈程度，因为一个企业销售额的增长并不会以竞争对手销售额的减少为代价，因而可减少遭竞争对手报复的可能 (2) 成本结构。如果固定成本结构较高，那么在市场需求不旺盛时，容易发生市场份额争夺战以保证合理的市场容量 (3) 壁垒的退出。通常低利润率的企业仍然留在行业中主要有几个理由，包括资产的专业性较强、退出的固定成本、感情依赖、政府的限制以及在企业的战略规划中其产品市场地位仍然重要 (4) 转换成本。当消费者从一个产品或服务的提供者转向另一个提供者时所产生的一次性成本。鉴于产品价格问题，大众产品的转换率较高，容易导致企业对市场份额/容量的争夺。相反，产品差别化将确保现有消费者的忠诚度 (5) 多元化。如果行业中存在着大量规模和竞争位置都类似的企业，那么竞争就比较激烈。即使地理位置很远的企业也可以通过互联网进入市场，加剧竞争的程度。此外，当战略意图与竞争对手冲突时，也会加剧竞争

(续表)

"五力"内容	"五力"作用范围
替代产品/服务的威胁	被现有或潜在的产品代替的风险主要由以下几个因素决定： (1) 相对价格/绩效替换。如果现有的或潜在的竞争产品/服务可以提供一个更好的产品特性组合，或其成本更低，那么替代品的威胁就比较高 (2) 转换成本。替代威胁与转换成本呈反比关系 (3) 利润。如果一个可靠的替代产品/服务能提供给用户更高的利润空间，那么替代威胁就比较高
新进入者的威胁	进入障碍决定那些打算进入行业的竞争者所面临的困难程度。如果进入障碍比较低，那么这个行业中的竞争将会加剧，对资源的需求也会上升，最终导致行业利润率降低。新进入者的威胁将由以下几个进入障碍来界定： (1) 进入价格壁垒。如果预期的进入边际成本超过预期的边际收入，新的企业将不会进入这个行业。通常业内企业会降低价格以阻止竞争者进入 (2) 高成本。进入新行业可能要求高的资本水平，这就会阻止竞争对手的进入。此外，新进入者一般将风险贴现计入本企业的资本成本结构中 (3) 经验效应。规模和专业优势使得业内企业通过使在行业经验曲线上已处于优势的成本进一步降低或者低于进入障碍价格 (4) 其他成本优势。业内企业可以独立于经验效果以外的其他成本优势，如获得资源、拥有技术和控制着最好的位置 (5) 产品差别化。业内企业可以通过品牌识别获得许多好处，包括建立客户忠诚度和灵活地与其他产品共用一个品牌。较高的费用和极大的市场努力将造成极高的进入障碍 (6) 分销。进入者必须打破业内企业已经和销售商建立起来的关系，通常也需要花费成本和精力来说服分销商来销售新品 (7) 政府。业内企业通过干扰政府的政策，提高进入行业的资本成本或增加进入限制的力度 (8) 转换成本。让消费者转换一种新产品通常需要转换成本，这对企业极为有利
供应商议价能力	议价能力由以下几个因素决定： (1) 集中度。若供应商所在行业由少数几家企业控制，而其产品的销售对象却相对较多，那么供应商的议价能力就比较高。若存在替代产品时，就可以消除这种影响 (2) 多元化。如果行业内总体供应商销售额的比例较高，则供应商的实力较弱。如果本行业对于供应商的经营模式和出于保持稳定共生的动机，那么就会削弱这方面的影响

(续表)

"五力"内容	"五力"作用范围
供应商议价能力	(3) 转换成本。若行业内的企业可以有效地转换供应商成本，那么就可以削弱供应商的影响力。前向一体化较强则会加强供应商的影响力，后向一体化则会削弱供应商的力量 (4) 组织。供应商的组织将会通过提升集体议价的实力来增加供应商的力量
购买者议价能力	企业客户的影响对界定行业的结构有重要作用。他们往往通过货比三家来迫使企业降低价格，他们也可能以提高对产品的质量要求来影响企业。以下几个因素影响着购买者的议价能力： (1) 差别化。如果产品的独特性较强，那么买方的议价能力就弱。相反，如果产品是大众化的，则会加强买方的议价能力 (2) 集中度。若买方购买产品占企业销售额的比例很大，那么买方的议价能力就强 (3) 数量。若买方的购买数量越大，那么其谈判能力就越强，因为大量的购买能使买方降低行业产品价格，达到成本控制目的 (4) 利润。如果买方的利润率较低，那么他就对价格比较敏感 (5) 质量的重要性。如果产品质量对于买方的经营模式至关重要，那么买方对价格就不会非常敏感

竞争力量分析用于确认竞争力量的主要来源和力量存在的压力大小。竞争力量对公司的发展具有重要影响，企业若想成功，战略必须设计得可以有效地应对这些竞争压力。因此，"五力"模型的最终目的是在竞争优势的基础上，为企业建立一个坚固的市场位置。

如果竞争很激烈，进入壁垒较低，来自替代产品的竞争威胁较强，供应商和客户有较强的议价能力，那么竞争环境就比较恶劣，产品/服务利润低，市场的吸引力就较低。

如果竞争激烈程度一般，进入壁垒相对较高，没有好的替代产品，供应商和客户的议价能力不强，那么该竞争环境相对较好，产品/服务有一定利润空间，市场具有较强的吸引力。

因此，竞争作用力越弱，行业的利润越高。如果一个企业的战略和市场位置能使企业有效地应对这五种作用力，那么该公司就可以获得超额利润。

第3章 公司级产品战略规划

最终目标是在给定五种作用力的大小之后，明确企业能够成功地在行业中获得竞争的能力。通过比较企业的资源实力是否与五种作用力匹配，使企业对战略性机会和威胁能够深刻地洞察。

案例展示

我们以××公司为例，分析它在市场竞争中这五个作用力的具体表现，在图3-7中我们对竞争"五力"给予了简要的表述，从中我们可以看出该公司虽然面对着激烈的竞争，即新进入者较多，消费者议价能力增强，但是总的来说，××公司在中成药的滋补和补血领域具有较强的竞争地位，这主要是由于该公司控制了产品的原料供应以及拥有先进的生产技术和多年的品牌支持。

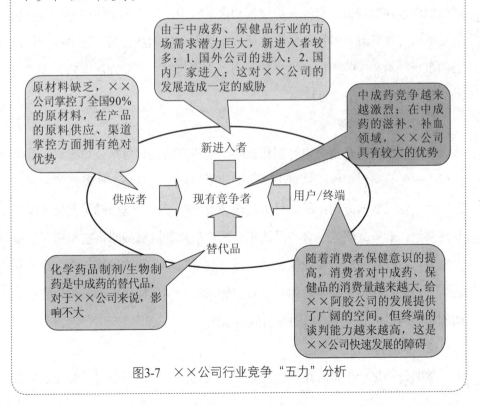

图3-7　××公司行业竞争"五力"分析

2. 竞争对手的市场行为分析

在所在行业的五种竞争力中最重要的竞争作用力是竞争对手，我们这里给予重点分析。首先，明确公司的竞争对手，竞争对手是指在某一行业或领域中，拥有与你相同或相似资源(包括人力、资金、产品、环境、渠道、品牌等资源)的团体，并且该团体的目标与你相同，产生的行为会给你带来一定的利益影响。同时，还应该时刻关注着公司潜在的竞争对手，他们通常不容易确定，但是可以从以下各类公司中辨识出来：

(1) 不在本行业但不费力气便可克服进入壁垒的公司；

(2) 进入本行业可产生明显的协同效应；

(3) 其战略的延伸必将导致加入本行业竞争的公司。

明确公司的竞争对手和主要潜在竞争对手，从市场行为和能力两方面对他们进行详细分析。首先分析他们的市场行为，竞争对手的市场行为是竞争对手为实现其既定目标而采取的适应市场要求的调整行为。这里指他们过去的市场行为和未来可能会发生的行为，主要包括：主要发展战略、战略行动、发展里程碑、战略目标等。

(1) 主要发展战略

主要发展战略是指公司筹划和指导全局的方略，它包括公司愿景、战略目标、业务战略和职能战略自上而下的四个层面。愿景是企业发展的起点，它指引企业发展的方向；战略目标是企业发展的要求，它明确了发展速度和发展质量；业务战略，包含产品战略、客户战略和区域战略，它指明了企业的发展点；职能战略是企业发展的支撑，它确定了企业的发展能力。上一层面为下一层面提供方向与思路，下一层面对上一层面提供有力支撑，它们之间相互影响，构成一个有机的发展战略系统。

(2) 战略行动

战略行动是一组市场拓展性的管理行为与决策，是竞争对手参照其发展战略采取的一系列针对公司产品、客户、区域的措施,它将公司发展战略实施在市场运行中,检验战略的正确性和有效性。

(3) 发展里程碑

发展里程碑是指竞争对手在历史发展过程中可以作为标志的大事,例如,获得某个技术奖项、公司销量翻一番等对公司产生正向意义的事件。

(4) 战略目标

战略目标是竞争对手下一步战略行动的重要指南,对目标的了解可预测每位竞争对手对其目前地位和财务状况是否满意,为此,竞争对手是否将改变战略,对外部事件(如经济周期)或对其他公司的战略举动做出何种反应,解释它的初步战略行动以及避免那些可能威胁到竞争对手达到其主要目标从而引发激烈竞争的战略行动。竞争对手的目标按种类划分包括业务单位/部门的目标,对于多元化的公司,还需了解其母公司目标及它对业务单位未来目标的影响。

通过对竞争对手在历史发展过程中的发展战略、战略行动、发展里程碑等方面的详细了解,可以给我们提供以下几个方面的信息:

(1) 竞争对手在市场上的历史情况如何?在什么时间、什么方面由于什么原因导致了失败,它对该公司产生了哪些恶劣影响,对手面对该现象是如何反应的,吸取教训继续前进还是止步不前更换方向;

(2) 他们的哪些战略又在哪些方面表现出众或者取得了成功,达到了什么程度,对公司的影响是什么?成功的战略往往增强竞争对手的信心;

(3) 在面对重大事项时,高层管理者的行事风格是怎样的,理性还是感性,缓慢还是迅速;他们具有怎么样的管理背景。

通过市场行为分析及目标确定,清晰竞争对手的发展历程,达到了三个目的:一是向竞争对手发动更准确的攻击;二是受到攻击时做出更有力的防御;三是向竞争对手学习。

案例展示

我们以××集团的竞争对手××集团为例，在表3-8中列举了它从2010—2012年的市场行为，即从该公司这几年的发展战略、重大事件、里程碑等方面挑选了具有重大影响力的市场行为，具体行为见表3-8。

表3-8 竞争对手××集团的市场行为分析

时间	竞争对手市场行为
2010年	1. ××集团注册成立"山东××有限公司" 2. 国家药监部门予以调查得出公正结论：新闻媒体报道"假药"或"含违禁成分"失实，××集团没有造假 3. 企业第三次投巨资进行技术改革 4. 进入竞争较弱的县镇农村市场
2011年	1. 正式走进央视国际频道 2. ×牌、××牌产品入选山东名牌产品名单 3. 从前××的销售终端主要在医药零售店，从2010年开始，他们以广东市场为切入，向医院推广产品。到2011年医院销量占企业产品总销量的比例从10%增加到30%
2012年	1. ××牌产品被人民大会堂选定为全国精品展示产品，在十八大期间向参会代表做了专门推介和展示 2. 入选省级中药现代化科技示范企业 3. "×"、"××"两个品牌获国家原产地标记认证，受原产地地域保护，享有独家专用权；同时，在WTO成员国之间享受减免关税的待遇 4. 首届中华老字号品牌价值百强榜公布。××集团"×"品牌，以××亿元的品牌价值名列第××位，在山东省上榜的8家企业中位列第一

3. 与竞争对手比较

竞争对手的目标和市场行为会影响它下一步行动的时间、方向和特点，能力的强弱将决定它战略实施的成功与失败；能力、资源作为一个企业市场行为、战略的基础和源泉，是推断与预测竞争对手下一步市场行为的重要依据。应通过具体参考指标真实、客观地对公司和竞争对手进行能力比较,具体参考指标为:主要产品线、主要产品、收入增长率、产品质量、品牌、市场的策略(价格、渠道和推广)、独特的优势和独特的劣势等,见表3-9,其中A公司、B公司为本公司的竞争对手。

表3-9　本公司与竞争对手比较

参考指标	本公司	A公司	B公司	……
主要产品线				
主要产品				
收入增长率				
产品质量				
品牌				
市场策略(价格、渠道和推广)				
独特的优势				
独特的劣势				

通过与竞争对手的能力进行比较,可以了解自己和竞争对手的资源与能力,明确主要竞争对手的优劣势,从而制订针对每个竞争对手的竞争策略,一方面发挥自己的优势打击竞争对手的劣势;另一方面改善自己的劣势,提高自己的竞争力。

我们以××集团为例,首先明确它的三个主要竞争对手,从目标、主要产品线/产品、收入增长率、产品质量、品牌等八个参考指标进行比较,具体内容见表3-10。从表3-10中,我们可以清晰地观察这四个公司的在各方面的能力,明确各公司的优势和劣势,从而为各公司未来产品规划和营销策略提供依据。

产品战略规划

表3-10 ××集团与竞争对手比较

参考指标	本公司	竞争对手1	竞争对手2	竞争对手3
目标	5年再造一个××，销售额达到20亿元	5年跻身补血行业"三甲"	力争在5年内进入国内医药企业10强	2010年的销售目标为12亿
主要产品/产品线	中成药、保健品、生物制药	阿胶主导产品、系列产品、治疗药品的三线经营策略	医药商业、医药工业、六味地黄丸、注射液等多个产品/产品线	产品线和产品较多，其中产品有十多种
销售收入增长率	2010年的销售额为7.8亿元，增长率>20%	2010年销售额达3亿元，增值率达到50%	2010年主营业务收入10.5亿元，利润为3.95亿元	2010年的销售目标为12亿
产品疗效/质量	质量高，疗效好	质量、疗效一般	质量高，疗效好	质量高、疗效好
品牌	客户的认知度很高	一般，区域性品牌	高	较高
市场策略：价格、渠道与推广	品牌产品，终端推荐，采用直供终端的短渠道模式、终端促销、店员培训	采取跟随市场策略，以切割××重点市场份额为主，将以前主攻药店转为医院和药店。进货价格低，厂家直供，压批付款，带金销售、先货后款	以推力型为主(会议渠道促销)，农村市场力度较大	整体市场策略跟随竞争对手2的补血颗粒；依托在××区域市场自有200~300家连锁药店渠道优势，重点深耕××区域市场；渗透广东、广西、湖北地区；主攻农村市场
独特优势	国内××市场占有率75%以上，国际市场占有率90%以上；原材料控制度高；独特的地下水资源，形成无可复制的优势；研发能力强，主导行业质量标准的制订	"×"、"××"品牌国家原产地标记认证；首届中华老字号品牌价值百强榜公布名列第30位	国家重点中药企业，中国著名老字号；产品结构合理，地方台广告密集、渠道促销、业务人员广、渠道县乡级多	与全国600多家药品厂商建立了良好的购销关系；拥有一支团结进取、开拓创新的营销团队，遍布全国100多个城市、地区

(续表)

参考指标	本公司	竞争对手1	竞争对手2	竞争对手3
劣势	产品结构不合理；对市场营销的重视和对终端的支持不够；产品广告少、价格高；包装单一、货源不足；渠道终端利润低	2010年"曝光"××产品造假事件；知名度较差，品质差	全国营销体系不健全，销售集中在几个区域；价格混乱、终端利润低、质量无保证、效果不明显	质量无保证、效果不明显，疗效一般，产品有沉淀，外包装粗糙

3.2.3 产品结构分析

产品结构是指一个公司生产或销售的各类产品的比例关系，其中，比例关系是从各产品线/产品的销售额、销售量与利润等方面考察得到的。良好的产品结构类似于健康的人体架构，在市场中给予公司有力的支撑，为公司制订有效的产品进攻或产品防御策略奠定基础。

公司级产品结构将从产品线/产品的贡献度、成长性、战略定位三方面进行分析，掌握公司的主要产品线/产品，明确各产品线/产品在市场吸引力、竞争地位等方面的表现。首先，可以参照2.2节中的产品线划分方法明确公司已有各产品线的划分原则，对于不合理的部分可以提出建议进行修改；然后，对产品线进行以下几方面的分析。

1. 各产品线/产品的贡献度

各产品线/产品的贡献度是按年度划分，考察每一年度各产品线/产品占公司全部收入的比例，它反映了各产品线/产品对公司付出的回报程度。可利用类似于图3-8的柱状图表示随着时间的延续各产品线/产品贡献度的变化趋势，横轴表示时间，纵轴表示贡献比例，每个数轴表示一个年度的各产品线/产品贡献度的配比。

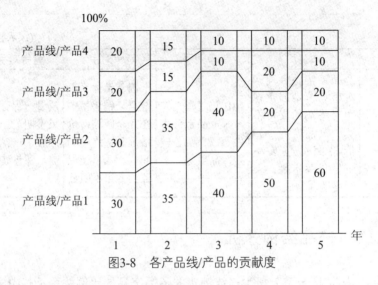

图3-8 各产品线/产品的贡献度

通过研究各产品线/产品的贡献度,我们可以进行:

(1) 了解每年公司各产品线/产品贡献度的比例,明确对公司收入贡献较大的产品线/产品,即主要产品线和产品;

(2) 对比各产品线/产品的营销收入结果,是否与当年目标、规划保持一致;

(3) 观察随时间变化各产品线/产品的发展趋势并分析原因。

连续几年贡献度在50%以上的产品线/产品,应该是该公司重要的产品线/产品;连续几年贡献度在10%以下的产品线/产品,应观察该产品线/产品的规划与资产投资情况,如果两者连续背离,则需重点关注。

案例展示

我们以××服装公司为例,该公司包含女装、男装和童装三条产品线,收集销售数据并分析它们从2007—2010年度每一年的各产品线贡献度配比情况,见图3-9。

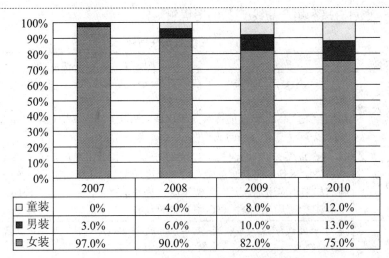

图3-9 ××公司各产品线的贡献度分析

观察图3-9,得出产品线——女装是该公司的主要产品线,每年的贡献度在75%以上,从2007—2010年,由于其他产品线的快速发展,其贡献比例呈下降趋势;产品线——男装对公司的收入贡献由2007年的3%上升到2010年(半年)的13%,该产品线对公司发展的重要性逐步体现出来;产品线——童装对公司的收入贡献由2008年的4%上升到2010年(半年)的12%,对公司的贡献度逐年增加。总之,从贡献度的角度来自,在2007—2010年该公司的产品结构有所改善,公司竞争力逐年提高,但依然不合理,对产品线——女装的依赖较大。

2. 各产品线/产品的成长性

各产品线/产品的成长性是衡量产品线/产品发展速度和质量的重要指标,通过观察产品线/产品在一定时期内的发展走势,可以明确其成长方向、成长阶段。它和产品线/产品的收益具有一定的相关性,一条产品线或一个产品即使收益很好,如果成长性不好,产品线/产品将来的收益也会受到制约。产品线/产品的成长性指标可采用反映损益表中运用资产获得收入利润增长的指标:产品线/产品的收入增长率、利润增长率及净利润增长率,详细描述见

表3-11；也可直接利用产品线/产品的销售额。

表3-11 产品线成长性指标

指 标	说 明
产品线/产品A的收入增长率	(本期产品线/产品A收入-上期的产品线/产品A收入)/上期产品线/产品A收入 如果一条产品线/产品能连续几年保持30%以上的收入增长率，那么该条产品线/产品具有很强的成长性
产品线/产品A的利润增长率	(本期产品线/产品A利润-上期产品线/产品A利润)/上期产品线/产品A利润 一些公司尽管年度利润总额有较大幅度的增加，但贡献度较大的产品线利润却未相应增加，甚至大幅下降，这样的产品线存在巨大问题，对公司蕴藏着巨大的风险，会影响公司的发展
产品线/产品A的净利润增长率	(本年产品线/产品A净利润-上年产品线/产品A净利润)/上期产品线/产品A净利润 产品线/产品净利润的连续增长是产品线/产品成长的基本特征，如其增幅较大，表明产品线/产品经营业绩突出，市场竞争能力强

选定一个指标对各产品线/产品进行成长性分析，可利用类似于图3-10的柱状图表示，横轴表示时间，纵轴表示选定的指标，每个数柱表示该年各产品线/产品的销售额/利润。通过此图，我们可以清楚地观察每条产品线/每个产品成长性指标的变化趋势。

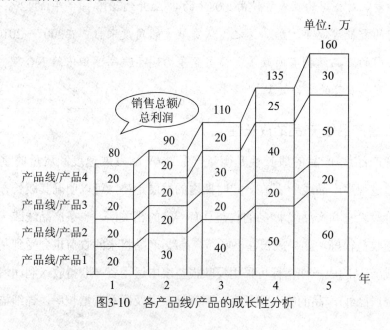

图3-10 各产品线/产品的成长性分析

以××饮料公司的产品线为例，该公司有茶饮料、含乳饮料、果汁饮料和碳酸饮料四条产品线，收集各产品线2006—2011年的销售额数据，并计算每年的增长率，见表3-12。

表3-12 ××饮料公司2006—2011年各产品线销售数据

产品线	2006年		2007年		2008年		2009年		2010年		2011年	
	销售额/万	增长率/%	销售额/万	增长率/%	销售额/万	增长率/%	销售额/万	增长率/%	销售额/万	增长率/%	销售额/万	增长率/%
茶饮料	23.41	22.5	29.22	24.8	38.26	30.9	51.16	33.7	76.68	29.6	96.32	25.6
含乳饮料	10.03	10	11.33	13	13.14	16	15.11	15	17.32	14.6	19.61	13.2
果汁饮料	39.8	15	46.28	16.3	54.47	17.7	62.96	15.6	72.34	14.9	82.39	13.9
碳酸饮料	80.2	10.6	87.42	9	95.64	9.4	103.67	8.4	111.55	7.6	119.36	7
合计	153.44	11.9	174.25	13.6	201.61	15.7	232.9	15.5	277.89	19.3	317.68	14.3

将各产品线的销售额和增长率在图3-11和图3-12中表现出来，观察可知，2006—2011年期间该公司总体销售额呈上涨趋势，但从2010年开始销售额增长速度变缓；四条产品线也都保持增长的态势，碳酸饮料是公司的主要产品线，但是年增长率在10%以下，果汁饮料和茶饮料收入具有较高的年增长率，尤其是茶饮料保持在20%以上，在2009年达到33.7%；该公司的碳酸饮料、果汁饮料和茶饮料三条产品线在2011年逐渐形成三足鼎立的状况，但含乳饮料的销售额和增长率表现较弱。

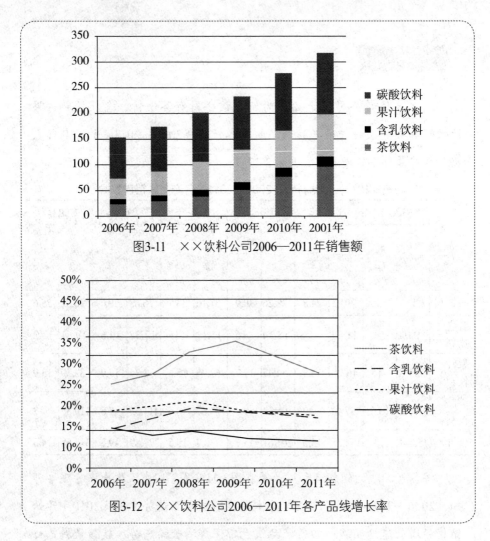

图3-11　××饮料公司2006—2011年销售额

图3-12　××饮料公司2006—2011年各产品线增长率

3. 各产品线/产品的战略定位分析

各产品线/产品的战略定位分析是利用SPAN模型，从各产品线/产品的市场吸引力和竞争地位进行分析，采取适合本公司的分析指标进行计算，最终将结果绘制在SPAN图中。SPAN图的不同表现形式代表了公司不同的产品结构，我们在表3-13中列举了四种典型的分布结构，即"绩优股"、"蓝筹股"、"潜力股"、"ST股"。不同的结构中产品线/产品在每个象限以不同的数量比例呈现，并且每个图、每个象限对公司具有不同的贡献度。

表3-13 产品线/产品的SPAN图

结构级别	数量表现形式	数量结构比例/%	贡献率比例/%
绩优股		第一象限：40 第二象限：30 第三象限：20 第四象限：10	第一象限：60~70 第二象限：10~20 第三象限：10~20 第四象限： 0~10
蓝筹股		第一象限：15 第二象限：15 第三象限：60 第四象限：10	第一象限：10~20 第二象限：10~20 第三象限：30~50 第四象限： 0~10
潜力股		第一象限：15 第二象限：60 第三象限：15 第四象限：10	第一象限：10~20 第二象限：30~50 第三象限：10~20 第四象限： 0~10
ST股		第一象限：<10 第二象限：15 第三象限：15 第四象限：>60	第一象限：60~70 第二象限：10~20 第三象限：30~50 第四象限：10~20

下面我们进行详细的分析：

(1)"绩优股"(现在好，未来也好)，即产品线/产品在第一、第二、第三象限居多，其中，第一象限是公司收入的主要支撑；第二象限是公司未来的希望；第三象限是现金流的主要来源；第四象限中产品线/产品数量极少且贡献率很低。这种表现形式的公司具有优秀的产品结构、良好的产品梯队建设，公司不仅目前有良好的业绩支撑，而且对未来发展也建立了扎实的基础，即有竞争力的产品支撑，具有优秀的抗风险能力。

(2)"蓝筹股"(现在好，未来困难)，即产品线/产品主要落在第三象限，且该象限的产品线/产品是公司收入的有力支撑；第一、第二象限也有部分产品线/产品，他们也对公司收入贡献了部分力量；第四象限产品线/产品数量极少且贡献率很低。这种表现形式的公司在市场上具有较高的竞争地位，可能是具有某种资源优势，如政府支持、原料丰富或者技术专利等，但因第二象限产品少，对未来发展将产生影响。

(3)"潜力股"(现在困难，未来好)，即产品线/产品主要落在第二象限，该象限的产品线/产品是公司收入的有力支撑,但是现在由于需要提高产品的竞争力和知名度,需要大量的投入,就像一个十多岁的少年,发展成长较好,但往往投入比收入大很多;第一、第三象限也有部分产品线/产品,对公司收入贡献了部分力量;第四象限产品线/产品数量极少且贡献率很低。这种表现形式的公司具有较高的市场吸引力,可能是具有成本优势,或者产品差异化明显,或者是新兴产业。

(4)"ST股",即产品线/产品主要落在第四象限,且该象限的产品线/产品是公司收入的有力支撑;第二、第三象限也有部分产品线/产品,对公司收入贡献了部分力量;第一象限产品线/产品数量极少且贡献率很低。由于第四象限产品成长性不好,现有竞争地位也差,所以公司不应该对其加大投入,但是又没有加大投入的产品,处于两难境地。这种表现形式的公司产品结构不合理,抗风险能力差,而且承受着巨大的竞争压力,一般在市场上地位比较低。

案例展示

我们以××公司为例,对其产品进行分析。首先,明确该公司销售的产品,共有12种;针对该公司数据的可获得性、行业特点和公司的实际情况,对产品市场吸引力和竞争地位的影响因素的权重选取如下。

1. 产品的市场吸引力MA

选取了市场规模MS(50%)、市场增长率MGR(25%)、市场收益率MY(10%)、市场竞争程度MCD(10%)和技术发展TD(5%)五个主要指标。计算产品的市场吸引力得分的公式如下:

$$MA_i = \frac{MS_i}{\max MS} \cdot a_1 + \frac{MGR_i}{\max MGR} \cdot a_2 + \frac{MY_i}{\max MY} \cdot a_3 + \frac{MCD_i}{\max MCD} \cdot a_4 + \frac{TD_i}{\max TD} \cdot a_5$$

$a_1=0.5$,$a_2=0.25$,$a_3=0.1$,$a_4=0.1$,$a_5=0.05$

$$\sum_{i=1}^{5} a_i = a_1+a_2+a_3+a_4+a_5 = 100\%, \quad i=1,2,3,4,5$$

我们以产品茶饮—11为例,展示产品市场竞争力的计算过程,茶饮—11的5个指标得分分别为$MS_1=1.5$,$MGR_1=1.75$,$MY_1=0.625$,$MGD_1=3$,$TD_1=3$,故:

$$MA_{11}=\frac{1.5}{5}\times0.5+\frac{1.75}{5}\times0.25+\frac{0.625}{5}\times0.1+\frac{3}{5}\times0.1+\frac{3}{5}\times0.05=0.34$$

因此,茶饮—11的市场吸引力得分为0.34。

2. 产品的市场竞争地位MCP

选取了市场份额MS(40%)、本公司的产品优势PA(20%)、品牌优势BA(25%)、营销能力MC(10%)和技术研发能力TRADA(5%)5个主要指标。计算产品的市场竞争地位得分的公式如下:

$$MCP_i=\frac{MS_i}{\max MS}\cdot a_1+\frac{PA_i}{\max PA}\cdot a_2+\frac{BA_i}{\max BA}\cdot a_3+\frac{MC_i}{\max MC}\cdot a_4+\frac{TRADA_i}{\max TRADA}\cdot a_5$$

$a_1=0.4$,$a_2=0.2$,$a_3=0.25$,$a_4=0.1$,$a_5=0.05$

$$\sum_{i=1}^{5}a_i=a_1+a_2+a_3+a_4+a_5=100\%,\ i=1,2,3,4,5$$

我们同样以产品茶饮—11为例,展示产品的市场竞争地位的计算过程,茶饮—11在以上5个指标中,分别得分为$MS_i=1.5$,$PA_1=3$,$BA_1=2.5$,$MC_1=2.5$,$TRADA_2=2.5$。故:

$$MCP_{11}=\frac{1.5}{5}\times0.4+\frac{3}{5}\times0.2+\frac{2.5}{5}\times0.25+\frac{2.5}{5}\times0.1+\frac{2.5}{5}\times0.05=0.44$$

因此,产品茶饮—11的市场竞争地位得分为0.44。结果整理见表3-14。

表3-14 茶饮—11市场吸引力和竞争地位得分与结果

市场吸引力(MA)影响因素	权重	分数比重	市场竞争地位(MCP)影响因素	权重	分数比重
市场规模(MS)	50%	0.3	市场份额(MS)	40%	0.3
市场增长率(MGR)	25%	0.35	产品优势(PA)	20%	0.6
市场收益率(MY)	10%	0.125	品牌优势(BA)	25%	0.5
竞争程度(MCD)	10%	0.6	营销能力(MC)	10%	0.5
技术发展(TD)	5%	0.6	技术研发能力(TRADA)	5%	0.5
综合评分		0.34	综合评分		0.44

按照以上计算方法，可得出该公司其他产品市场吸引力和竞争地位的值，整理结果见表3-15，并将结果绘制在图3-13中。

表3-15　××饮料公司产品市场吸引力和竞争地位所得值

序号	产品名称	市场竞争地位得分	市场吸引力得分	序号	产品名称	市场竞争地位得分	市场吸引力得分
1	茶饮—11	0.44	0.34	7	乳饮—12	0.12	0.30
2	茶饮—12	0.24	0.69	8	乳饮—21	0.21	0.12
3	茶饮—21	0.16	0.59	9	果饮—11	0.35	0.39
4	茶饮—22	0.35	0.63	10	果饮—12	0.26	0.46
5	茶饮—23	0.39	0.55	11	碳酸饮—11	0.79	0.64
6	乳饮—11	0.13	0.17	12	碳酸饮—12	0.89	0.50

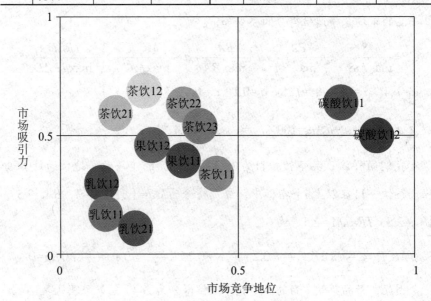

图3-13　××饮料公司产品战略定位图

观察图3-13，可发现××饮料公司的产品结构不合理，属于"少年"类型。第一象限主要是碳酸饮料产品线的产品，包括碳酸饮料—11和碳酸饮料—12；第二象限主要集中的是茶饮料产品线的产品，包括茶饮—21、茶饮—22、茶饮—23和茶饮—21四种产品；第四象限主要是果饮产品线和乳饮产品线；第三象限没有产品落入。因此，碳酸饮料是该

> 公司的主要和支撑产品，具有较大的贡献率，茶饮产品具有较大的市场潜力，果饮次之，乳饮产品市场表现较弱。
>
> 综上所述，可知该公司问题类产品较多，缺乏"明星类"产品，下一步在保持碳酸饮料优势的同时，采取有效销售策略快速增加茶饮和果饮的市场份额，提高其市场地位，选择成长性好的产品进行重点突破，使产品结构不断优化。

3.2.4 产品销售区域分析

公司级的销售区域分析是明确本公司全部产品所覆盖的销售区域，然后采用"区域定级模型"，从区域市场吸引力和区域竞争地位两个维度对所有销售区域进行定位，确定各区域的级别。定级结果可用于指导公司对各区域的投入决策，制订区域产品的发展规划和策略。

1. 明确产品销售区域

区域的划分通常有两种方式，即按行政区域划分和按经济带划分，每种划分方式都包括两个层级，最终层级一般按我国的省/自治区/直辖市的名称呈现；行政区域划分方式比较常见，它比按经济带划分更细致和具体，见表3-16。各公司的划分方式可根据本公司的发展战略进行选择。

表3-16 区域划分参考标准

划分方式	划分内容
按行政区域划分	总共包括8个大区，每个大区包括相应的省和直辖市 1. 华东地区(包括山东、江苏、安徽、浙江、福建、上海) 2. 华南地区(包括广东、广西、海南) 3. 华中地区(包括湖北、湖南、河南、江西) 4. 华北地区(包括北京、天津、河北、山西、内蒙古) 5. 西北地区(包括宁夏、新疆、青海、陕西、甘肃) 6. 西南地区(包括四川、云南、贵州、西藏、重庆) 7. 东北地区(包括辽宁、吉林、黑龙江) 8. 港澳台地区(包括香港、澳门、台湾)

(续表)

划分方式	划分内容
按经济带划分	1. 东部沿海地区：北京、天津、河北、辽宁、上海、江苏、浙江、福建、山东、广东、广西、海南、重庆、大连、宁波、厦门、青岛、深圳(18个省、区、市) 2. 中部内陆地区：山西、内蒙古、吉林、黑龙江、安徽、江西、河南、湖北、湖南(9个省、区) 3. 西部边远地区：四川、贵州、云南、西藏、陕西、甘肃、青海、宁夏、新疆(9个省、区)

2. 销售区域定级

参照表3-16的划分方法明确本公司的销售区域，然后，利用区域定级模型对本公司的所有销售区域进行定级，该模型是从区域市场吸引力和区域竞争地位两个维度进行分析、判断公司各销售区域的市场位置，我们首先介绍这两个指标：

(1) 区域市场吸引力

区域市场吸引力是指公司产品/服务在该区域能引导人们购买和使用的力量，可通过本区域的市场规模、市场增长率、市场竞争程度、收益率等影响因素综合判断，影响因素解释见表2-10。它主要是识别出对企业发展具有较大贡献潜能和开发价值的区域。

参考市场吸引力的计算方法，我们推导出区域市场吸引力的计算方法，见公式3-1，表3-17中是区域变量的中文翻译。

$$MA_i = \frac{MC_i}{\max MC} \cdot a_1 + \frac{CD_i}{\max CD} \cdot a_2 + \frac{MGR_i}{\max MGR} \cdot a_3 \tag{3-1}$$

其中，MC_i、CD_i、MGR_i的计算方式见以下三个公式：

$$MC_i = \frac{PCR_i \times RP_i(1-EC)}{\max[PCR \times RP(1-EC)]} \cdot b_1 + \frac{PCIGR_i}{\max PCIGR} \cdot b_2 + \frac{1-CPI}{1-\min CPI} \cdot b_3 \tag{3-1-1}$$

$$CD_i = \frac{PS_{i1}}{GS_i} \cdot PCD_{i1} + \frac{PS_{i2}}{GS_i} \cdot PCD_{i2} + \cdots + \frac{PS_{ij}}{GS_i} \cdot PCD_{ij} \tag{3-1-2}$$

$$MGR_i = \frac{PS_{i1}}{GS_i} \cdot PMGR_{i1} + \frac{PS_{i2}}{GS_i} \cdot PMGR_{i2} + \cdots + \frac{PS_{ij}}{GS_i} \cdot PMGR_{ij} \qquad (3\text{-}1\text{-}3)$$

$i=1、2、3、\cdots$，代表不同的区域；$j=1、2、3、\cdots$，代表不同的产品；a、b 为相应公式的权重，且 $\sum_{i=1}^{3} a_i = a_1+a_2+a_3 = 100\%$，$\sum_{i=1}^{3} b_i = b_1+b_2+b_3 = 100\%$。

表3-17 区域市场吸引力变量列表

区域变量	代替字母	区域变量	代替字母
区域 i 的市场吸引力 (market attractiveness)	MA_i	区域 i 的市场容量 (market capacity)	MC_i
区域 i 的市场竞争程度 (competition degree)	CD_i	区域 i 的市场增长率 (market growth rate)	MGR_i
区域 i 产品 j 的市场竞争程度 (product competition degree)	PCD_{ij}	区域 i 的产品销售总额 (gross sales)	GS_i
恩格尔系数 (Engel's coefficient)	EC	区域 i 中产品 j 的销售额 (product sales)	PS_{ij}
区域 i 产品 j 的市场增长率 (product market growth rate)	$PMGR_{ij}$	居民消费价格指数 (Consumer Price Index)	CPI
人均收入增长率 (per capita income growth rate)	$PCIGR_i$	最大 (maximum)	max
区域 i 的人口数 (regional population)	RP_i	最小 (minimum)	min

(2) 区域竞争地位

区域竞争地位是指企业在该区域市场竞争中所占据的位置，可通过本区域的市场份额、品牌优势、生产优势等因素综合判断，影响因素解释见表2-16。它主要是识别出具有较大投入产出比、较高回报率的区域。

同理，我们推导出区域竞争地位的详细计算方法，见公式(3-2)，表3-18中是区域变量的中文翻译。

$$MCP_i = \frac{MS_i}{\max MS} \cdot c_1 + \frac{BA_i}{\max BA} \cdot c_2 \qquad (3\text{-}2)$$

$i=1、2、3、\cdots$，代表不同的区域；a、b、c 为相应公式的权重，且 $\sum_{i=1}^{2} c_i = c_1+c_2 = 100\%$。

产品战略规划

表3-18 区域变量列表

区域变量	代替字母	区域变量	代替字母
区域 i 的市场竞争地位 (market competition position)	MCP_i	区域 i 的市场份额 (market shares)	MS_i
区域 i 的品牌知名度 (brand awareness)	BA_i	最大 (maximum)	max

按照以上各公式分别计算公司产品的各销售区域的市场吸引力和竞争地位，然后将所得结果形成类似于图3-14的模型；该模型不仅可以观察不同区域的级别和特征，还可以掌握公司销售区域的整体表现及特征。

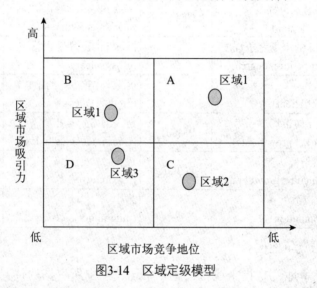

图3-14 区域定级模型

在该模型中，我们依据销售区域的位置划分为A、B、C、D四种级别。

"A"级别：处于该区域的销售分公司不仅具有很强的竞争地位，而且具有良好的市场吸引力，对公司发展具有重要贡献，是公司的重点销售区域，也是公司重点关注和保持的区域。

"B"级别：处于该区域的销售分公司具有良好的市场吸引力，代表本公司产品在该区域具有很大的发展潜力，但是现在的竞争地位不高，需要加大投入，是公司重点突破"区域"。

"C"级别：处于该区域的销售分公司具有稳固强大的竞争地位，但是市场吸引力较小，虽然对总公司具有一定的贡献，但是需要防范其他新兴产品的入侵；指导思想为首先保持该销售分公司的市场地位，不再加大投入，其次利用强大的市场竞争地位，加大推广销售分公司的其他新产品，培育新的增长点。

"D"级别：处于该区域的销售分公司相比于其他区域表现较弱，对总公司的贡献度较小，造成此现象的原因比较复杂多样，我们需参照其影响因素进行分析。它们一般在短期内是惯性发展，难有较大的突破，公司不应该对其有大的投入计划。

案例展示

我们以××公司为例，对其主要销售区域进行分析。首先，明确该公司的销售区域，共有24个主要销售区域；针对该公司的数据可获得性、行业特点和公司的实际情况，区域市场吸引力和竞争地位的影响因素选取和计算方法如下。

1. 区域的市场吸引力MA

选取了市场容量MC(50%)、市场的增长率MGR(30%)和市场竞争程度CD(20%)三个主要指标。计算区域的市场吸引力的公式如下：

$$MA_i = \frac{MC_i}{\max MC} \cdot a_1 + \frac{MGR_i}{\max MGR} \cdot a_2 + \frac{CD_i}{\max CD} \cdot a_3$$

$a_1=0.5$, $a_2=0.3$, $a_3=0.2$

$\sum_{i=1}^{3} a_i = a_1 + a_2 + a_3 = 100\%$, $i=1, 2, 3$

我们以广东区域为例，展示区域的市场吸引力主要的计算过程：广东在以上三个指标中，得分分别为$MS_1=5$，$MGR_1=5$，$CD_1=5$。故

$$MA_1 = \frac{5}{5} \times 0.5 + \frac{5}{5} \times 0.3 + \frac{5}{5} \times 0.2 = 1$$

因此,广东的市场吸引力得分为1。

2. 区域的市场竞争地位MCP

选取了市场份额MS(60%)、本公司的产品优势PA(15%)、品牌优势BA(25%)三个主要指标。计算区域的市场竞争地位的公式如下:

$$MCP_i = \frac{MS_i}{\max MS} \cdot a_1 + \frac{PA_i}{\max PA} \cdot a_2 + \frac{BA_i}{\max BA} \cdot a_3$$

我们同样以广东区域为例,展示区域的市场竞争地位主要的计算过程:广东在以上三个指标中,得分分别为$MS_1=2$,$PA_1=2$,$BA_1=3$。故

$$MCP_2 = \frac{2}{5} \times 0.6 + \frac{2}{5} \times 0.15 + \frac{3}{5} \times 0.25 = 0.45$$

因此,广东的市场竞争地位得分为0.45。结果整理如表3-19。

表3-19 广东区域市场吸引力和竞争地位的影响因素权重及得分

市场吸引力影响因素	权重	分数	市场竞争地位影响因素	权重	分数
市场规模(MC)	50%	1	市场份额(MS)	60%	0.40
市场增长率(MGR)	30%	1	产品优势(PA)	15%	0.40
市场竞争程度(CD)	20%	1	品牌优势(BA)	25%	0.60
综合评分		1	综合评分		0.45

按照以上计算方法,得出该公司其他销售区域市场吸引力和竞争地位的值,整理结果见表3-20,并将结果绘制在图3-15中。

表3-20 ××公司销售区域市场吸引力和竞争地位计算结果

序号	区域名称	市场竞争地位得分	市场吸引力得分	序号	区域名称	市场竞争地位得分	市场吸引力得分
1	广东	0.45	1.00	13	辽宁	0.31	0.61
2	山东	0.44	0.94	14	重庆	0.43	0.60
3	江苏	0.39	0.87	15	福建	0.30	0.60
4	浙江	0.42	0.74	16	黑龙江	0.28	0.59
5	上海	0.39	0.72	17	湖北	0.54	0.57
6	湖南	0.33	0.72	18	安徽	0.62	0.56
7	河北	0.42	0.68	19	广西	0.31	0.56
8	河南	0.39	0.67	20	天津	0.21	0.56
9	四川	0.36	0.64	21	北京	0.37	0.55

(续表)

序号	区域名称	市场竞争地位得分	市场吸引力得分	序号	区域名称	市场竞争地位得分	市场吸引力得分
10	江西	0.47	0.64	22	甘肃	0.39	0.45
11	山西	0.38	0.63	23	云南	0.46	0.46
12	陕西	0.44	0.61	24	新疆	0.31	0.42

利用区域定级模型对该公司的24个主要销售区域进行定级，详见图3-15，从图中可以看出，广东、山东这两个地区具有较强的市场竞争地位和市场吸引力，江苏、浙江、上海等地也是该公司的重点销售区域，湖南、河北等具有较强的市场潜力，新疆、广西、黑龙江等地由于地处偏远，目前市场较弱。

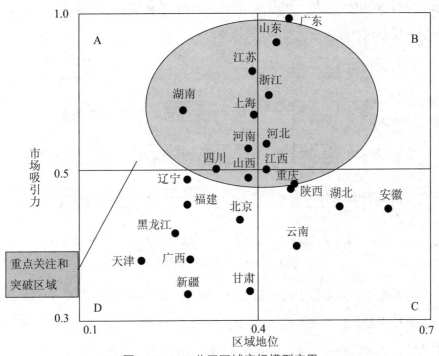

图3-15 ××公司区域定级模型应用

由于没有加入考虑区域消费习惯、市场基础等因素，所以那些消费习惯好、市场基础好的区域的市场吸引力都普遍下降了，也就是说在区域定级模型中的位置都普遍下移了。

3.2.5 产品销售渠道分析

公司级的销售渠道分析是明确本公司全部产品所覆盖的销售渠道，然后采用"渠道定级模型"，从渠道的市场吸引力和竞争地位两个维度进行定位，确定每个渠道所属的ABCD级别。用于指导公司对各个渠道的投入决策，同时指导渠道的发展规划和策略。

1. 明确公司销售渠道

渠道分为直接渠道和间接渠道，直接渠道是指生产者不经过任何中间环节，将产品直接销售给最终消费者或用户的分销渠道；间接渠道是指生产者通过流通领域的中间环节把商品销售给消费者的渠道，可以有一层、二层等多层表现形式，具体情况如图3-16所示。

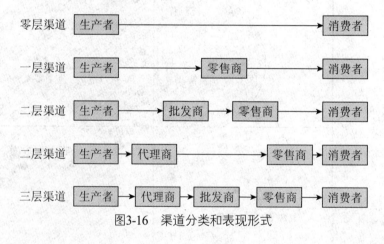

图3-16　渠道分类和表现形式

直接渠道不太适应于大众消费品的销售，除鲜活商品、某些手工业品以及少数使用复杂、维修不便的高档电器产品可以在一定程度上采用直接销售形式外，大多消费品都采用间接销售的形式。间接渠道通过中间环节不仅分担了生产者的经营风险，还可增加商品销售的覆盖面，有利于扩大商品市场占有率；但中间环节太多，会增加商品的经营成本。

本节我们讨论间接渠道中的分销商，即那些专门将商品从生产者转移到消费者的机构和人员，主要关注分销商的种类，按分销商的种类确定公司渠道的类别；而不关注渠道的长度(即中间环节的层级)。分销商通常可分为：百货商场、专卖店、超市、网络销售等，见图3-17，因此，本文所说的渠道即不同的分销商形式。

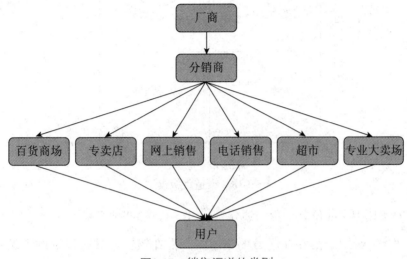

图3-17 销售渠道的类别

2. 销售渠道定级

参照上述渠道分类方法首先确定本公司的各销售渠道，然后利用渠道的定级模型(见图3-18)对本公司的所有销售渠道进行分析，该模型是从渠道的市场吸引力和市场地位两个维度分析，首先介绍这两个指标：

(1) 渠道的市场吸引力指公司产品/服务在该渠道能引导人们购买和使用的力量，可通过本渠道的市场规模、市场增长率、市场竞争程度、收益率等影响因素综合判断。对渠道市场吸引力进行分析可以明确对企业未来发展有较大贡献潜能、具有开发价值的重点渠道。

(2) 渠道的市场地位是企业的该渠道在市场竞争中所占据的位置，可以通过本渠道的市场份额、品牌优势等因素综合判断，对渠道市场竞争地位进行分析主要是明确不同渠道在市场中的竞争能力。

计算这两个指标，并将计算结果在模型中显示出来，见图3-18。

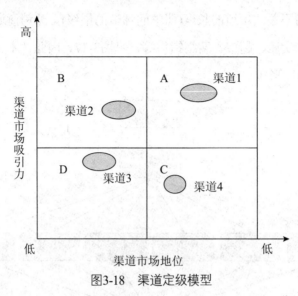

图3-18 渠道定级模型

对于模型中的位置，我们划分为A、B、C、D四种级别。

"A"级别：落在此区域的渠道，产品在该渠道具有很好的市场吸引力，代表本公司的产品在该渠道已有相对成熟的市场，并在公司的所有渠道中保持着领先地位，是公司的重要渠道，它对公司具有很大的贡献度。

"B"级别：落在此区域的渠道具有很强的吸引力，较弱的市场竞争地位。它表明该渠道具有很大发展空间，但是必须提高自己的市场地位，才能提高该渠道对公司的贡献度。

"C"级别：落在此区域的渠道具有很强的竞争地位，较弱的市场吸引力，这类渠道虽然目前对公司具有一定的贡献度，但是其每年增长率有限，必须依靠特殊的条件，例如政策支持等才能大幅度提高市场份额。

"D"级别：落在此区域的渠道相比其他渠道表现较弱，发展空间有限，难有较大的突破，对公司的贡献度较小；造成此现象的原因比较复杂多样，我们需参照其影响因素进行分析，一般发展思路是短期内惯性发展。

第3章 公司级产品战略规划

我们以生产和销售中成药的××公司为例，对其主要销售渠道进行分析。首先，明确该公司的销售渠道，即药店、商超、医院和诊所/卫生院，共4种。利用渠道定级模型对该公司的四个主要销售渠道定级，详见图3-19。从图中可以看出，药店是该公司的主要销售渠道，占据较强的市场竞争地位和吸引力；商超具有较强的市场吸引力，源自于其庞大的消费客户，但是较药店的市场地位低；医院也是该公司的主要销售渠道之一，表现一般；诊所/卫生院综合表现较弱。

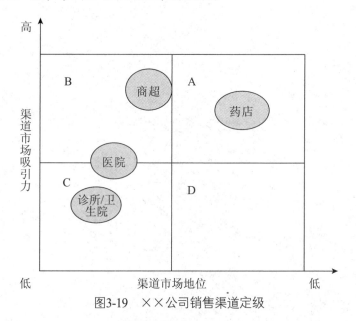

图3-19 ××公司销售渠道定级

根据以上分析结果，对不同渠道级别的经营思路为：

(1) 处于A象限的药店，其经营思路为重点关注，加大投入，增加销售额，保持其市场竞争地位，承担公司主要的销售额。

(2) 处于B象限的商超和医院，作为公司重点突破的区域，加大资源

产品战略规划

投入和提高宣传力度,从而提高产品知名度和覆盖率,迅速抢占市场份额,扩大销售,成为公司增长的主力军。

(3) 处于C象限的诊所和卫生院,需关注该渠道的成长性,有限关注,有选择地投入,提高其市场竞争地位,为将来的经营策略提供支持。

3.3 公司级产品战略目标

公司级产品战略目标是对公司产品战略经营活动预期取得主要成果的期望值，是企业愿景和使命的具体化，是公司战略规划在产品规划的具体分解。本节主要从公司愿景、公司产品战略目标和公司产品战略目标细化三个方面进行介绍。

3.3.1 公司愿景

产品战略像一条路径，开始于一种愿景。公司愿景是对一个企业未来发展方向和目标的构想，是指引公司前行的"灯塔"，它阐述了一个公司以什么方式到达什么地方以及为什么会获得成功。一个企业的愿景清晰的表达出来了，就是对企业内部和外界的承诺，才有压力和动力向前发展；如果仅仅停留在领导人的心中，不会起到任何作用。成功的愿景应该具有如下几种特征。

集中性：该愿景是充分聚焦的，聚焦于一个行业或是一个业务，如果一个愿景的范围过于宽泛，它不能很好地为产品战略或者其他战略指明方向。

清晰性：公司的不同管理者能够清楚的了解公司的愿景、发展方向，对愿景可以做出相同的解释，避免造成愿景实施的不协调性。

完整性：公司愿景能够回答三个问题"我们想去哪里""我们通过什么

方式""我们为什么会成功"。"我们想去哪里"需要寻找短期目标和长期目标之间适当的平衡;"我们通过什么方式"需要对愿景选择具体明确但又没有过多限制的道路;"我们为什么会成功"通常依赖于提供给消费者独特的价值。

可行性:公司愿景建立在清晰的市场调查与分析之上,把目前产品战略与公司愿景联系起来,可在目前市场上实施。

下面我们以康柏计算机公司1993年的愿景为例:

"我们希望在遍及全球的所有消费者细分市场上,成为PC机和PC服务器的领先供应商。我们通过在开发新产品、竞争性定价、控制成本、支持消费者和扩大分销方面引导这个行业,来实现这个目标。康柏了解这个行业的动态变化,并做好准备果断行动以利用新的机会。"

从以上的叙述中,我们可以清楚看到康柏公司希望聚焦PC机和PC服务器,通过开发新产品,以及定价、成本上的控制成为这个行业领先的供应商,他们通过掌握行业的动态变化来达到成功,这对技术迅速变化的行业来说是合适的。康柏公司的这个愿景不仅完整回答了愿景需要的三个问题,还同时具备其他成功愿景的特征,因此,康柏公司在20世纪90年代做到了这所有的一切。

这里需要注意,过分长期的固守一个愿景或者过分频繁地改变愿景不仅不利于公司的发展,而且会削弱员工们对领导人的信心。因此,公司可以根据外部环境的变化和公司自身的发展适时、适当地调整愿景。

3.3.2 公司产品战略目标

公司产品战略目标是对公司愿景的具体化,是愿景在相应时期内产品需达到的预期成果,它通常体现在公司的相关经济指标中。公司结合愿景与目前公司状况,对产品战略目标可以按时间分为:当前目标(1年)、短期目标

(1~3年)、中期目标(3~5年)和长期目标(5年以上)，见图3-20。对每一个阶段的目标可以落实到公司的产品、销售区域和渠道等方面。

公司目标具有引导、激励、整合等功能，它通过明确各时间段、各区域的目标，动员每个员工参照公司目标设定自己的职业发展目标，将自己的职业发展同公司发展有机结合，统一公司员工行动，从而提高经济效益，改进公司形象，最终达到公司的愿景。

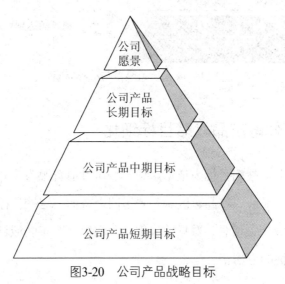

图3-20　公司产品战略目标

案例展示

我们以××公司2010年"十二五"规划为例，在图3-21中展现了该公司的愿景、远期、中期和近期目标。该公司的愿景是振兴××行业、保障人类健康；远期目标即五年目标是再造一个××，产品销售收入达到20亿；中期目标即三年目标是产品收入达到14.2亿元；近期目标即下一年目标是产品销售额达到11.07亿元。通过明确公司产品各时期战略目标，公司研究并制订相应规划和销售策略。

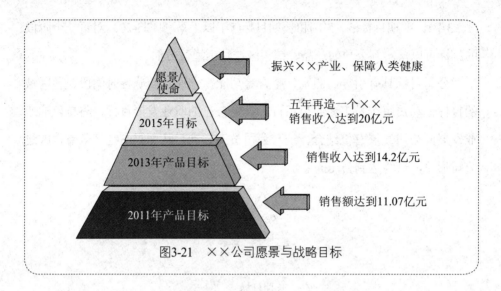

图3-21　××公司愿景与战略目标

3.3.3　公司产品战略目标细化

本节将以公司战略目标为依据,结合公司目前资源与实力,将战略目标分解到公司各产品线、产品、区域和渠道四个方面。这些目标的确定依赖于公司各销售区域相关信息、数据的收集,我们以下一年区域目标为例,向大家阐述细分目标的方法。

1. 目标细化流程

我们以制订区域目标细化为例,区域目标细分流程形成了一个"W"形,见图3-22。通常这个"W"过程从每年11月开始到次年的1月结束,但在12月31日之前必须走完第一个"V"。

第一步:结合公司当前情况和短期目标,公司规划人员确定公司下一年目标,并指导各区域制订下一年度目标。

第二步:各区域上交的下一年度目标,公司规划人员参考公司制订情况进行修正,平衡公司下一年目标。

第三步:目标通过董事会,公司下达修订后的区域目标,各区域执行。

第3章 公司级产品战略规划

第四步:监督、考察各区域对规划的执行过程,保障公司目标顺利完成。

在各区域目标下达之前,以上几个步骤可能会经过多次迭代,即参照公司目标,各区域和各子区域目标需要进行多次修改。

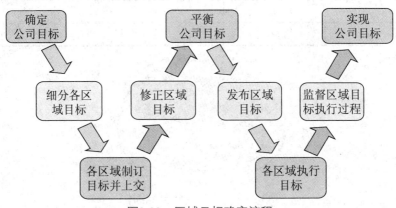

图3-22 区域目标确定流程

2. 产品中期目标细化

产品目标细化是将产品战略目标具体细化到公司的各产品、产品线、区域和渠道方面。公司战略目标在产品线、渠道和产品细化时,主要是对未来三年销售目标进行分解,从而作为未来资源分配投入的重要依据;对第二年以后几年的销售目标和产品线、渠道和产品的细化主要是采取滚动修正目标法,到年底时,根据前一年的目标完成情况,进行滚动修正。

(1) 公司产品线目标细化

通过结合公司的中期战略目标和各个区域未来三年各产品销售目标,可得到公司各产品线的销售目标,可以从各产品线的销售额、增长率和贡献率等指标进行分解,如表3-21,同时可将次年各产品线的销售额、贡献度结果呈现在如图3-23所示的饼图中。最终明确哪些产品线是公司目标的主要承担者,并依次分配公司的资源,保障公司目标的实现。

表3-21 公司产品线目标细化

时间	产品线1			产品线2			产品线3			……	合计	
	销售额	增长率	贡献率	销售额	增长率	贡献率	销售额	增长率	贡献率		总销售额	平均增长率
T+1												
T+2												
T+3												

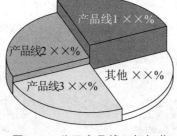

图3-23 公司产品线目标细化

案例展示

我们以××汽车公司2010年中期产品线目标细分为例,该公司B级轿车包括PS、HR、SKD、ST四个产品线,参考公司中期战略目标,可知2011—2013年该公司销售收入目标总额分别为307.4亿、325.2亿、348.6亿。结合各区域产品销售额目标统计,规划得出该公司四条产品线在未来三年的销售额、增长率和贡献率,具体数据见表3-22。

表3-22 ××汽车公司产品线目标细化

时间	PS			HR			SKD			ST			合计	
	销售额/亿	增长率/%	贡献率/%	销售额/亿	增长率/%	贡献率/%	销售额/亿	增长率/%	贡献率/%	销售额/亿	增长率/%	贡献率/%	总销售额/亿	平均增长率/%
2011	106.6	7.3	37.7	26.7	15.3	9.4	89.3	10.5	31.6	61.1	11.2	21.6	282.9	9.2
2012	114.9	7.8	36.4	32.5	21.6	10.3	99.5	11.4	31.5	68.6	12.3	21.7	315.5	11.5
2013	124.2	8.1	34.8	42.7	31.3	12.0	111.6	12.2	31.7	78.2	14.0	21.9	356.7	13.1

从表3-22中,我们可以看到,该公司四条产品线在未来三年的平均增长率分别为9.2%,11.5%,13.1%。PS产品线在该公司中贡献率最大,但PS产品线的目标市场相对成熟,增长率相较其他三条产品线低一些。HR这条产品线是该公司新推出的,市场吸引力大,是公司未来几年重点发展的产品线,因此HR产品线的增长率最高。

2011年该公司的总销售额目标为282.9亿,增长率为9.2%。在图3-24中,我们观察到PS、HR、SKD和ST四条产品线分别所占的比例为38%、9%、31%和22%。PS和SKD两条产品线具有相对成熟的销售市场,是目标的主要承担者,均需要完成30%以上的目标。而HR作为该公司新推出的产品线,所占比例相对较小。但是PS产品线的增长率低于公司2011年的平均增长率水平。

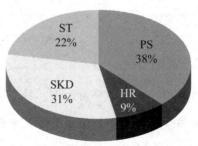

图3-24　2011年各产品线目标比例

(2) 公司产品目标细化

结合公司的中期战略目标和各个区域未来三年核心产品销售目标,可得到公司各产品的销售目标,可以从核心产品的销售额、增长率和贡献率等指标进行阐述,如表3-23,同时可将次年核心产品的销售额、贡献度结果呈现在如图3-25所示的饼图中。最终明确核心产品是公司目标的主要承担者,并依次分配公司的资源,保障公司目标的实现。

产品战略规划

表3-23 公司产品目标细化

时间	产品1			产品2			产品3			……	合计	
	销售额	增长率	贡献率	销售额	增长率	贡献率	销售额	增长率	贡献率		总销售额	平均增长率
T+1												
T+2												
T+3												

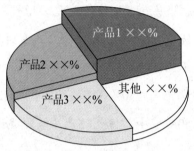

图3-25 公司产品目标细化

案例展示

本案例中我们依旧以××汽车公司为例,将公司2011—2013年三年的目标分配到公司的核心产品上。利用上节案例中产品线下三年目标的结果,将各产品线目标结合核心产品现状,规划产品线内核心产品的目标,如表3-24、表3-25、表3-26和表3-27。

表3-24 PS产品线核心产品的销售目标

时间	PS_1			PS_2			PS_3			PS_4			PS合计	
	销售额/亿	增长率/%	贡献率/%	销售额/亿	增长率/%	贡献率/%	销售额/亿	增长率/%	贡献率/%	销售额/亿	增长率/%	贡献率/%	总销售额/亿	平均增长率/%
2011	28.7	7.2	26.9	47.8	6.7	44.8	9.7	9.6	9.1	20.4	7.8	19.1	106.6	7.3
2012	31.0	8.0	27.0	51.1	6.9	44.5	10.7	10.3	9.3	22.1	8.3	19.2	114.9	7.8
2013	33.6	8.4	27.1	54.7	7.0	44.0	11.9	11.2	9.6	24.0	8.6	19.3	124.2	8.1

表3-25 HR产品线核心产品的销售目标

时间	HR_1			HR_2			HR_3			HR合计	
	销售额/亿	增长率/%	贡献率/%	销售额/亿	增长率/%	贡献率/%	销售额/亿	增长率/%	贡献率/%	总销售额/亿	平均增长率/%
2011	6.2	10.7	23.2	7.9	11.5	29.6	12.6	13.2	47.2	26.7	12.1
2012	6.9	11.3	22.8	8.9	12.7	29.5	14.4	14.3	47.7	30.2	13.1
2013	7.8	13.0	22.5	10.1	13.5	29.2	16.7	16.0	48.3	34.6	14.6

表3-26 SKD产品线核心产品的销售目标

时间	SKD_1			SKD_2			SKD_3			SKD_4			SKD合计	
	销售额/亿	增长率/%	贡献率/%	销售额/亿	增长率/%	贡献率/%	销售额/亿	增长率/%	贡献率/%	销售额/亿	增长率/%	贡献率/%	总销售额/亿	平均增长率/%
2011	19.4	10.7	21.7	27.8	9.7	31.1	24.6	9.8	27.5	17.5	12.5	19.6	89.3	10.5
2012	21.7	11.9	21.8	30.8	10.8	31.0	27.2	10.6	27.3	19.8	13.1	19.9	99.5	11.4
2013	24.4	12.4	21.9	34.3	11.4	30.7	30.2	11.0	27.1	22.7	14.6	20.3	111.6	12.2

表3-27 ST产品线核心产品的销售目标

时间	ST_1			ST_2			ST_3			ST合计	
	销售额/亿	增长率/%	贡献率/%	销售额/亿	增长率/%	贡献率/%	销售额/亿	增长率/%	贡献率/%	总销售额/亿	平均增长率/%
2011	13.7	12.7	22.4	17.8	13.2	29.1	29.6	9.3	48.4	61.1	11.2
2012	15.6	13.9	22.7	20.2	13.5	29.4	32.8	10.8	47.8	68.6	12.3
2013	17.9	14.7	22.9	23.0	13.9	29.4	37.3	13.7	47.7	78.2	14.0

以上四个表分别为PS、HR、SKD和ST四条产品线核心产品的销售额、增长率和贡献率。由此我们可以为该公司核心产品的角色定位提供依据，即哪些产品是形象产品，哪些是主销产品，哪些是辅销产品，哪些是掩护产品，哪些是狙击产品。

(3) 公司区域目标细化

通过结合公司中期战略目标和各个区域未来三年各产品销售目标,可得到公司各销售区域的目标,从各区域的销售额、增长率和贡献率等指标进行分解,如表3-28;同时可将次年各区域的销售额、贡献度结果呈现在如图3-26所示的饼图中。最终明确哪些区域是公司目标的主要承担者,并依次分配公司的资源,保障公司目标的实现。

表3-28　公司区域目标细化

时间	区域1			区域2			区域3			……	合计	
	销售额	增长率	贡献率	销售额	增长率	贡献率	销售额	增长率	贡献率		总销售额	平均增长率
T+1												
T+2												
T+3												

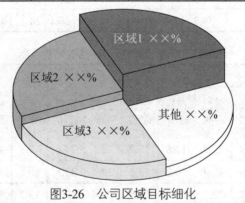

图3-26　公司区域目标细化

案例展示

本案例中我们依旧以××汽车公司2010年规划为例,北京、广州、上海和成都是该公司产品的四个主要销售区域。结合各区域的市场状况将公司2011—2013年的总目标分配到各区域中,并计算各销售区域的年增长率和贡献率,如表3-29。

表3-29　××汽车公司区域目标细化

时间	北京			广州			上海			成都			合计	
	销售额/亿	增长率/%	贡献率/%	销售额/亿	增长率/%	贡献率/%	销售额/亿	增长率/%	贡献率/%	销售额/亿	增长率/%	贡献率/%	总销售额/亿	平均增长率/%
2011	79.3	8.6	28.0	70.3	9.8	24.8	87.7	10.3	31.0	45.6	12.9	16.1	282.9	10.1
2012	86.4	9.0	27.6	77.6	10.4	24.8	97.5	11.2	31.1	51.7	13.4	16.5	313.2	10.7
2013	94.5	9.4	27.1	86.1	11.0	24.7	109.4	12.2	31.4	58.9	13.9	16.9	348.6	11.3

从上表我们可以看到，该公司在各个区域的销售预期情况。成都相较于北上广三个一线城市经济发展水平低一些，因此汽车在成都的销售量也相对低一些。北京因为城市交通管制等相关因素，在未来三年的销售额增长率相较于其他城市会低。

(4) 公司渠道目标细化

通过结合公司的中期战略目标和各个区域未来三年各产品销售目标，可得到公司各渠道的销售目标，可以从各渠道的销售额、增长率和贡献率等指标进行分解，如表3-30，同时可将次年各渠道的销售额、贡献度结果呈现在如图3-27所示的饼图中。最终明确哪些渠道是公司目标的主要承担者，并依次分配公司的资源，保障公司目标的实现。

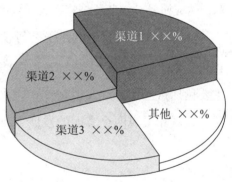

图3-27　公司渠道目标细化

表3-30　公司渠道目标细化

时间	渠道1			渠道2			渠道3			……	合计	
	销售额	增长率	贡献率	销售额	增长率	贡献率	销售额	增长率	贡献率		总销售额	平均增长率
T+1												
T+2												
T+3												

3.4 公司级产品战略规划

前几节我们从公司产品的外部市场、竞争状况和自身结构进行了详细分析，并且通过公司愿景确定了公司的长期、中期和短期目标。为顺利完成目标、达成愿景，本节我们将在公司级产品分析的基础上进行产品规划。

公司级产品规划是立足于公司长远发展，参照公司战略目标，运用一套科学系统的方法、工具对公司的产品线、区域、渠道三方面进行规划，主要包括角色定位、发展路径和商业模式。从而确定公司产品线、核心产品、区域和渠道四个方面的发展重点，明确公司发展方向与路径，提出发展策略和建议。

3.4.1 产品线规划

通过3.2节产品结构分析，得出不同产品线的贡献度、成长性和整体结构；利用以上分析结果，并结合公司内外部环境，对公司产品线从结构、发展方向和途径等方面进行规划，主要包括：产品线的"7、2、1"，产品线的发展路径，产品线的销售模式三方面。从而明确产品线聚焦、突破、布局的划分，确定不同发展阶段的产品线长度、宽度与深度，并提出发展模式建议等，最终获取目标市场，提高产品市场占有率，促使产品线健康有序地发展。

1. 产品线"7、2、1"

依据各产品线贡献度、成长性、市场吸引力和竞争地位的分析结果，参考如下分类规则确定公司各产品线/产品的类别，见图3-28。

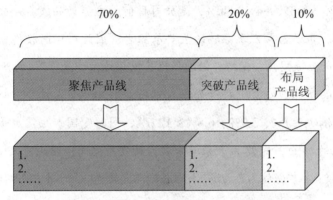

图3-28 产品线/产品"7、2、1"规划

(1) 聚焦产品线/产品：是公司目前的重要产品线/产品，是公司现金流、利润、市场份额以及品牌的主要承担者。

(2) 突破产品线/产品：具有较大的市场潜力、较快的销售额增长速度，能通过重点投入与推广在未来1~2年有望成为"明星类"的产品线/产品。

(3) 布局产品线/产品：市场潜力大，竞争不激烈，但产品线/产品的市场竞争地位低，品牌知名度较弱，市场份额和销售额少，至少在1~2年内不会产生利润的产品线/产品，但未来发展潜力巨大，对公司以后有重要影响的，公司为长远发展而进行尝试性布局的产品线/产品。

对这三类产品线/产品使用"7、2、1原则"，建议资源配置行为是：70%的资源投入聚焦产品线/产品，20%的资源投入突破产品线/产品，10%的资源投入布局产品线/产品。

案例展示

我们以××中成药公司为例,应用产品线的"7、2、1"原则。该公司有阿胶中成药、非阿胶中成药、生物制药和保健品四个产品线。

2005—2009年,阿胶类中成药产品线依次占该公司全部销售额的99%、95%、91%、84%、90%,是公司目前的主流产品线,是公司现金流、利润、市场份额以及品牌的主要承担者,因此对于阿胶类中成药产品线,公司应该聚焦,保持并继续强化其优势地位,是"7"的产品线。

保健品产品线在2005年开始投入市场,到2008年占该公司全部销售额的比例依次为1%、3.7%、6.8%和12.6%,同时受国人生活水平提高对健康关注的影响,保健品未来具有较大的发展空间;因此建议公司未来1~2年将重点推广保健品产品线,抓住保健品发展契机,使其未来成为"聚焦类"的产品线,支撑公司未来的快速发展,目前作为"重点突破"产品线。

非阿胶类中成药和生物药品产品线近年增长率较慢,主要是由于技术水平相对落后、市场不成熟等原因造成的,但该类产品未来市场潜力巨大,因此是公司为增加产品种类、扩大公司知名度而"布局"的两个产品线。详见图3-29。

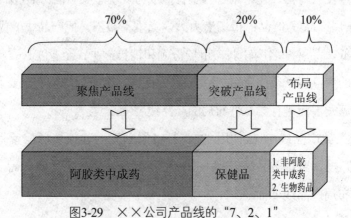

图3-29 ××公司产品线的"7、2、1"

2. 产品线的发展路径

现实表明，行业、公司、产品线、产品等都是有生命周期的，公司产品线的发展也是从无到有，随着时间的推移产品线数量、成熟度不断发展变化，按其规模和成长状态我们可以分成四个阶段：初入期、成长期、成熟期和衰退期，见图3-30。如果公司产品线处于前两个时期中的某一个，我们希望它稳步向下一个阶段发展，到了成熟期，需要采取必要策略延长成熟期时间，推迟或避免进入衰退期，减少对公司造成不良影响和后果。

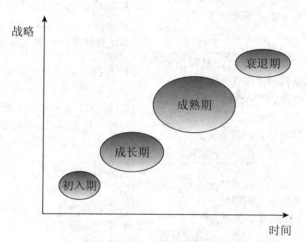

图3-30 公司产品线的发展阶段

公司产品线发展的每个阶段都有其明显、独特的特征，针对不同的阶段，公司根据产品线整体呈现的不同特征，结合市场发展状况和行业特征可采取不同的战略规划和行动。表3-31中我们对产品线整体在不同生命周期阶段呈现的不同特征进行了归纳总结，并针对性地提出了规划方案。

表3-31 公司产品线发展阶段的特征及相应策略

发展路径	特　征	规划策略
初入期	1. 产品种类稀少，没有形成产品线 2. 销售量低 3. 不能产生利润或者利润较低 4. 消费群主要是爱好新奇者 5. 竞争能力比较弱	1. 以基础型产品为主 2. 重点在扩张市场：通过广告、大量促销、产品试用等方式扩大市场份额 3. 价格采用成本加成法策略

(续表)

发展路径	特　征	规划策略
成长期	1. 产品种类逐渐增多，逐步优化公司产品结构，开始形成简单的产品线 2. 增长率较高，销售量显著增加 3. 能够产生一定利润，维持并促进公司继续向前发展 4. 逐渐发展自己的消费细分市场 5. 竞争能力逐渐增强	1. 增加产品种类，优化产品结构，进行产品线设置，形成聚焦、突破、布局三种产品线梯队 2. 渗透市场，通过扩大生产规模、提高生产能力、增加产品功能、改进产品用途、拓宽销售渠道、开发新市场、降低产品成本、集中资源优势等单一策略或组合策略来开展 3. 战略核心体现在两个方面：利用现有产品开辟新市场实现渗透、向现有市场提供新产品实现渗透
成熟期	1. 产品种类丰富，具有稳定的产品结构和产品线梯队 2. 销售量缓慢增加，逐渐达到顶峰 3. 利润最大 4. 具有稳定的消费人群 5. 竞争地位较高，品牌知名度较大	1. 保持产品差异化，形成多样化的产品和品牌，保持产品线梯队稳定发展 2. 保持市场占有量，努力延长成熟期时间，提高客户对品牌的忠诚度 3. 采用具有竞争性的价格策略
衰退期	1. 优秀的产品替代品大量出现 2. 销售量逐渐降低 3. 利润减少，甚至为负 4. 竞争能力减弱，知名度降低	1. 剔除常年处于弱势的产品线/产品项目，寻求新的发展项目 2. 在原有项目上减少支出 3. 采用削价策略 4. 重新细分市场

通过对公司产品线生命周期的了解，可在此基础上对公司产品线发展进行规划。明确公司产品线发展策略的依据，主要有三个方面：

(1) 原有产品的市场容量。如果原有产品的市场容量较小，应适当增加新产品线数目，以开拓新市场；如果原有产品市场容量已足够大，那么产品线数目不宜过多。

(2) 公司现有的资源条件。如果公司可支配的资源比较充足，可考虑增加一些新产品线；反之则不易增加。

(3) 公司战略目标和方向。如果公司谋求在少数领域发展，产品线数目就应尽可以少一些；反之，如果公司追求在多领域综合增长，产品线数目可以多一些。

结合公司产品短期(1~2年)、中期(3~5年)和长期(5年以上)的战略目标规划产品线的发展途径，如图3-31。该图显示的是公司已经具有一定数量的产品线，即公司产品线已经步入了成长期阶段，对于成长期阶段之前的导入期，由于公司产品线数量较少或者还未形成严格的产品线，规划人员可参考4.4节内容。

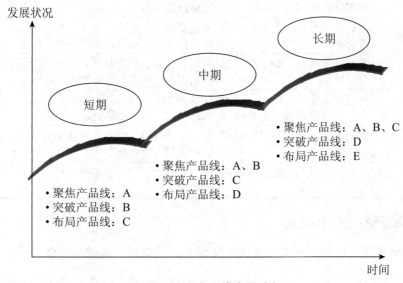

图3-31 公司产品线发展途径

表3-32公司产品线发展路径是参照短期、中期和长期三个时期的目标进行规划的，分别给出了不同时期产品线"7、2、1"的划分和相应策略。但是，到了中期，短期的突破产品线有可能进入聚焦类，也有可能没有突破成功；短期布局产品线有可能发展良好进入突破类，也有可能布局失败。因此，我们需要在中期开始阶段评估各产品线发展现状，修正产品线的规划路径；同样，对于长期规划，我们根据需要重新审视当前状态并给予及时修正。

产品战略规划

表3-32 公司产品线发展途径详解

发展阶段	特 征	策 略
短期	聚焦产品线A：处于产品线成熟期/成长后期	加大销售力度，继续扩大市场地位和份额，增加产品竞争力等
	突破产品线B：处于产品线成长期	拓宽销售区域、渠道，降低产品成本，形成规模生产
	布局产品线C：处于产品线导入期	研究消费者特征，采用新技术、新产品等面向旧客户进行初步推广
中期	聚焦产品线A、B：处于产品线成熟期/成长后期	加大品牌营销，重点投入、保持并提高产品线市场地位和份额，增加该线新产品等
	突破产品线C：处于产品线成长期	系统研究目标客户群特征，形成产品线差异化、扩大生产规模、提高生产能力等
	布局产品线D：处于产品线导入期	采用新技术、新产品等，可以面向旧客户进行初步推广，注重市场变化趋势
长期	聚焦产品线A、B、C：处于产品线成熟期/成长后期	保持产品差异化，形成多样化的产品和品牌，保持产品线梯队稳定发展等
	突破产品线D：处于产品线成长期	扩大生产规模、提高生产能力等，关注消费者特征和市场环境变化
	布局产品线E：处于产品线导入期	采用新技术、新产品等可以面向旧客户进行初步推广

3. 产品的销售模式

销售模式是制造商将产品通过某种方式或手段，送达至消费者的方式，按其中间商的有无，可以分为直销模式和分销模式，生产厂家可以采用其中的一种模式，也可以同时采用这两种模式。

(1) 直销模式是制造商不通过分销商，直接将产品送达至消费者的模式，主要方式包括电视销售、邮购、自动供货机、登门销售等。直销模式杜绝了呆账，没有经销商和相应的库存带来的额外成本，有效的实现缩短通路、贴近消费者，将产品快速送到消费者手中，同时更好地将消费者的意见、需求迅速反馈回企业，有助于企业战略的调整和战术的转换。但是采用直销模式必须具备两大要素：优质的产品和高质量的服务。

(2) 分销模式是指制造商通过分销商(代理/经销商)将产品辐射至各零售网点，它体现了厂商专业化分工的特征。根据分销商的业态模式与获利模式的不同可以分为以下三种类型：代理商、批发商和零售商(百货商店、杂货商店、超级市场、仓储商店)。分销模式具有较短的信贷期限、低后勤成本和需求，同时可以利用经销商的客户网络，但是该模式可能会失去对终端的控制。

(3) 直分一体销售是指生产厂家采用直销和分销两种销售模式。该模式不仅可以利用经销商的网络，弥补直销队伍的不足，还能更好的控制存货，发展与终端的客户关系，但是直销和分销商之间会存在窜货的矛盾。在表3-33中，我们对直销、分销和直分一体销售模式的特征及利弊进行了分析。

表3-33 各销售模式的特征及利弊分析

模式	直销	分销	直分一体销售
特征	产品 → 消费者	产品 → 一级批发商 → 二级批发商 → 消费者	产品 → 一级批发商 → 二级批发商 → 消费者（同时产品直达消费者）
利	1. 更好地抵制假冒伪劣产品 2. 减少中间环节的流通成本，使直销商获得更大的利润空间 3. 主要通过口碑宣传，降低广告成本 4. 返款迅速，加快企业资金周转 5. 更好地控制对终端的服务，发展与终端的客情关系	1. 产品覆盖范围广 2. 减少销售管理成本和费用 3. 有可能利用经销商拥有的客户网络 4. 销售渠道稳定，销量可稳步增长	1. "直销"和"分销"相互支撑，支持产品的快速启动，形成对分销渠道的销售拉力 2. 多个渠道同时运作，最大化所有渠道能量，有助于提高市场份额，更好地树立产品形象 3. 利用经销商的客户网络，弥补直销队伍的不足
弊	1. 销售费用大，需聘请大量直销人员、建立直销渠道 2. 区域局限性强，市场覆盖率低 3. 售后服务无保障	1. 流通成本高，产品价格随之提升，造成消费者或厂家利益受损 2. 失去对终端的控制 3. 建立分销网络需要很长的时间，难以短期内迅速打开市场	1. 直销和分销商之间存在窜货、冲店的矛盾 2. 人力成本较高，管理难度较大，对企业的组织管理能力要求较高

产品战略规划

了解生产厂家的销售模式分类，那么如何选择呢？可以根据产品/服务的单笔价格和客户数量制订如下模型，即当客户数量少，产品单笔价格高时，我们建议采取直销模式；当客户数量比较多，产品单笔价格低时，我们建议通过分销的模式；中间的可以采取直销、分销一体销售模式，见图3-32。

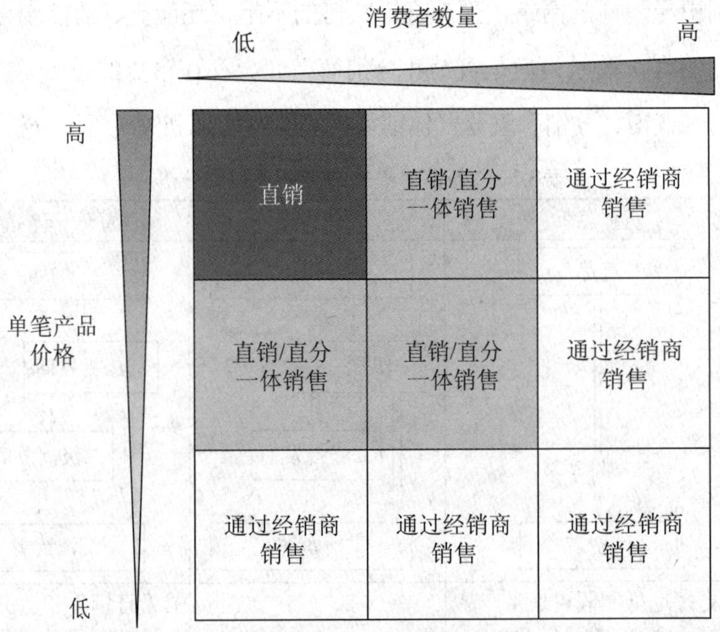

	消费者数量低	消费者数量	消费者数量高
单笔产品价格 高	直销	直销/直分一体销售	通过经销商销售
	直销/直分一体销售	直销/直分一体销售	通过经销商销售
单笔产品价格 低	通过经销商销售	通过经销商销售	通过经销商销售

图3-32　产品销售模式

对于企业而言，不同的企业具有不同的企业资源、战略、产品和销售模式，每一个企业都应该根据自己的情况设计自己的销售体系和方法。而且随着时间的推移，环境和企业资源发生变化，相应的销售模式也应发生变化。

3.4.2　销售区域规划

利用3.3节中销售区域定级模型，通过判断公司产品在各销售区域的市场吸引力和市场地位，得出各销售区域所在级别。根据各区域销售数据和定级模型分析结果，对公司产品的销售区域进行规划，主要包括两方面内容：销售区域的"7、2、1"、销售区域的发展路径。

1. 销售区域的"7、2、1"

根据各销售区域不同的市场吸引力和地位,公司应对他们采取不同的战略规划,资源分配体现差异化,因此可参考如下分类规则确定公司各销售区域的类别,见图3-33。

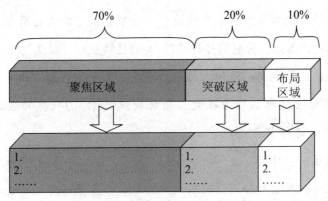

图3-33 销售区域的"7、2、1"

(1) 聚焦区域:公司目前的重要销售区域,是市场吸引力和市场竞争力都高的区域,它们是公司销售额、现金流、利润、市场份额以及品牌的主要承担者。

(2) 突破区域:市场潜力大、销售额迅速增长,能通过重点关注与投入在未来1~2年推广成为"明星类"的销售区域。

(3) 布局区域:市场潜力大,竞争不激烈,本公司在该区域的市场份额少,市场竞争地位较弱,至少在1~2年内较难对公司产生利润的销售区域,但未来发展空间巨大,对公司今后发展具有重要影响,公司为长远发展而进行尝试性布局的销售区域。

对这三类销售区域使用"7、2、1原则",建议的资源配置行为是:70%的资源投入聚焦区域;20%的资源投入突破区域;10%的资源投入布局区域。

> ### 案例展示
>
> 我们以××公司的销售区域为例，应用销售区域"7、2、1"原则。利用3.2节中的案例结果，即图3-15，我们将该公司的各销售区域分类如下。
>
> 聚焦区域：广东、山东、江苏、浙江、安徽、湖北、上海，这几个区域具有较大的市场潜力和市场地位，特别是销售额占公司全部销售额很大的比例，因此，将它们作为"7"类的区域进行"聚焦"。
>
> 突破区域：湖南、陕西、四川、重庆、河北、河南、北京、辽宁，这几个销售区域市场潜力很大，销售额仅次于"7"类的区域，作为"2"类区域进行重点突破。
>
> 布局区域：天津、广西、新疆、甘肃，这几个区域市场潜力大，竞争不激烈，目前对公司没有较大的贡献，但未来潜力大，公司采取布局。详见图3-34。
>
>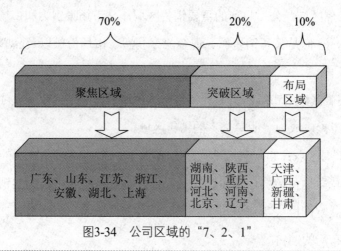
>
> 图3-34 公司区域的"7、2、1"

2. 销售区域的发展路径

公司区域发展路径是按照短期(1~2年)、中期(3~5年)和长期(5年以上)三个时期的区域目标进行规划，分别给出不同时期区域"7、2、1"的划分和相应策略。同样,到了中期,短期的突破区域有可能进入聚焦类,也有可能没有突破成功;短期布局区域有可能发展良好进入突破类,也有可能布局失败,因此,我们需要在中期开始阶段评估各区域发展现状并修正销售区域的规划路径;同样,对于长期规划,我们依据需要重新审视当前状态并给予及时修正。见图3-35和表3-34。

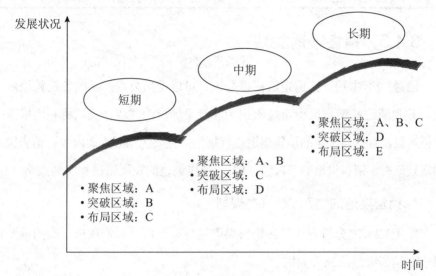

图3-35　区域发展路径

表3-34　区域发展路径

发展阶段	特　征	策　略
短期	聚焦区域A：处于区域成熟期/成长后期	加大销售推广力度,提高产品在该区域的竞争地位,投入新产品等
	突破区域B：处于区域成长期	拓宽销售渠道,加大广告、促销投入,提高产品/服务质量,扩大销售额
	布局区域C：处于区域导入期	选择公司王牌产品进行拓展市场等
中期	聚焦区域A、B：处于区域成熟期/成长后期	保持并提高区域市场地位和份额,维护客户忠诚度等
	突破区域C：处于区域成长期	研究目标消费群的特点,制订针对性营销活动;加大广告、促销投入,提高产品/服务质量等
	布局区域D：处于区域导入期	选择公司王牌产品进行拓展市场等

(续表)

发展阶段	特　征	策　略
长期	聚焦区域A、B、C：处于区域成熟期/成长后期	保持产品差异化，形成多样化的产品和品牌，稳定发展等，并重新细分市场，精耕细作
	突破区域D：处于区域成长期	扩大生产规模，提高生产能力，关注市场环境和消费者特征的变化等
	布局区域E：处于区域导入期	选择公司王牌产品进行拓展市场等

3.4.3　销售渠道规划

通过3.2节中销售渠道定级模型分析，可以得出公司产品的各销售渠道级别，并判断这些销售渠道市场吸引力和竞争地位的强弱，我们将利用以上的分析结果，对公司产品的销售渠道进行规划，主要包括五方面内容：销售渠道的规划流程、销售渠道的"7、2、1"、销售渠道的发展路径和发展策略。

1. 销售渠道的"7、2、1"规划

采用3.2节的分析方法对各销售渠道进行分析后，我们依据下面的原则可以确定销售渠道的三大类别。

(1) 聚焦渠道：公司目前的重要销售渠道，它们是公司现金流、销售额、利润、市场份额以及品牌的主要承担者。

(2) 突破渠道：市场潜力大、销售额迅速增长，并有一定销售份额，能通过重点关注和投入在未来1～2年推广成为"明星类"的销售渠道。

(3) 布局渠道：市场潜力大，竞争不激烈，本公司产品在该渠道的市场份额和竞争地位较弱，至少在1～2年内较难对公司产生利润的销售渠道，但未来发展空间巨大，对公司今后发展具有重要影响，公司为长远发展而进行尝试性布局的销售渠道。

对这三类销售渠道使用"7、2、1原则"，建议的资源配置行为是：70%的资源投入聚焦渠道；20%的资源投入突破渠道；10%的资源投入布局渠道。

2. 销售渠道的发展路径

渠道与产品既有非常密切的联系，又有显著的区别，具体体现在以下四个方面：第一，一个产品可能有一个渠道，也可能有多个渠道；第二，一个渠道可以承载一个产品的销售，也可以承载多个产品的销售；第三，产品进入衰退期退出市场后，渠道并不一定会消失，而是进入调整期；第四，渠道是一个实体，除产品外，还包括企业、中间商、零售商、客户以及相关的物流、信息流、产权流和资金流。渠道实质上是整个供应链条的一部分。因此，渠道和产品较为相似，也有显著不同的生命周期。

在渠道管理过程中，随着产品在不同阶段生命周期特征的出现，客户关系也呈现周期性变化。同时，营销渠道也呈现周期性变化规律，按照产品销售量的变化情况可以分为渠道导入期、渠道扩张期、渠道成熟期、渠道收缩期、渠道调整期等五个阶段，不同阶段，由于公司目标不一样，具有不同的渠道规划策略，见表3-35。通常一个服装品牌的某一款产品，从上市销售→流行→畅销→滞销→甩货(或转移到网上销售)就体现了营销渠道这一周期性特点。

表3-35　渠道的生命周期

阶段	公司目标	规划策略
渠道导入期	占据一定市场份额，扩大产品知名度	1. "窄渠道"和"短渠道"，迅速实现产品铺货率，尽可能地缩短产品的上市时间，快速进入成长期 2. 中间商是渠道建设成败的关键，在渠道中占据主导地位，直接关系到企业的市场营销效果
渠道扩张期	有节奏地占有市场份额，尽可能延长产品的成长阶段	1. "长渠道"和"宽渠道" 2. 企业逐步掌握渠道主导权，成为渠道实际控制者 3. 渠道冲突开始产生，渠道价格管理、利润分配成为渠道管理的关键
渠道成熟期	保卫市场份额，获取最大利润，延长产品成熟期生命周期，避免产品提早进入衰退期	1. "宽渠道"和"渠道扁平化" 2. 竞争激烈，渠道冲突常态化，企业通过组建渠道联盟、渠道内部交叉持股、自建渠道等方式对渠道加强控制 3. 终端零售商成为渠道管理的关键

(续表)

阶段	公司目标	规划策略
渠道收缩期	削减产品支出，赚取市场最后一桶金	1. "短渠道"、"窄渠道"和"主渠道"；缩短战线，集中企业资源使用在最有利渠道上，产品促销规模减少到最低水平，并逐步淘汰无利润的分销网点，减少并关闭部分效益不佳的渠道 2. 保持渠道的忠诚度，尽量做到与渠道成员协商退市，以便企业今后新产品进入市场时能够再次利用已建立的渠道网络
渠道调整期	在原有渠道的基础上，尽可能降低渠道开发成本，选择新产品进入市场的营销渠道	1. 依托原有渠道建立的成员忠诚度、人脉、客户群，对渠道进行根本性的调整，如从城市市场转移到农村市场，从传统渠道转移到网络渠道，利用现有渠道销售新开发的升级换代产品；即"渠道重整再造"，利用旧产品的渠道开发新产品渠道 2. 延长渠道的收缩期，为新渠道导入、开始新的渠道生命周期打基础

在表3-35中，我们提到了"长渠道"、"短渠道"、"宽渠道"、"窄渠道"等名词，他们是根据渠道的长度和宽度来命名的。渠道的长度是在产品从生产者生产到消费者购买的过程中，拥有的不同层次的中间商数目，构成渠道的长度。一般情况下，商品生产者在某一特定目标市场上经过两道或两道以上的中间环节的产品称为长渠道；只经过一道环节的称为短渠道。渠道的宽度是在渠道的某一层次上拥有中间商数目的多少。一般的分类标准是指商品生产者在某一特定目标市场某一层次上(如批发或零售)选择两个以上中间商销售本企业的产品称为宽渠道；只选择一个中间商的称为窄渠道。

公司渠道发展路径是按照短期(1～2年)、中期(3～5年)和长期(5年以上)三个时期的目标进行规划的，分别给出了不同时期渠道"7、2、1"的划分和相应策略。但是，到了中期，短期的突破渠道有可能进入聚焦类，也有可能没有突破成功；短期布局渠道有可能发展良好进入突破类，也有可能布局失败，因此，我们需要在中期开始阶段评估各产品线发展现状，修正产品线的规划路径；同样，对于长期规划，我们依据需要重新审视当前状态并给予及时修正，见图3-36和表3-36。

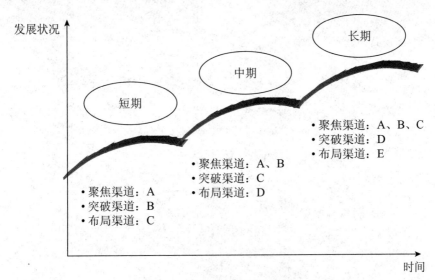

图3-36　公司渠道的发展路径

表3-36　渠道发展路径详解

发展阶段	特征	策略
短期	聚焦渠道A：处于渠道成熟期/成长后期	加大销售推广力度，扩大销售额，提高产品在该渠道的竞争地位，投入新产品等
	突破渠道B：处于渠道成长期	拓宽销售渠道，加大广告、促销投入，提高产品/服务质量
	布局渠道C：处于渠道导入期	研究渠道特点，选择公司王牌产品进行拓展市场等
中期	聚焦渠道A、B：处于渠道成熟期/成长后期	保持并提高渠道市场地位和份额，维护客户忠诚度等
	突破渠道C：处于渠道成长期	研究渠道特点，开拓渠道的深度和宽度，加大广告、促销投入，提高产品/服务质量等
	布局渠道D：处于渠道导入期	选择公司王牌产品进行拓展市场等
长期	聚焦渠道A、B、C：处于渠道成熟期/成长后期	保持产品差异化，形成多样化的产品和品牌，稳定发展等
	突破渠道D：处于渠道成长期	关注渠道变化，自身优劣势变化，选择合适的渠道模式，扩大生产规模、提高生产能力等
	布局渠道E：处于渠道导入期	选择公司王牌产品进行拓展市场等

| 第4章 |

产品线战略规划

产品战略规划

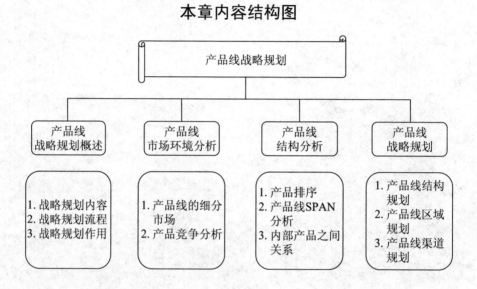

本章内容结构图

4.1 产品线战略规划概述

3.4节中我们从公司级角度对公司产品线整体进行了规划，本节的产品线战略规划定位于单条产品线。产品线战略规划是以公司级产品战略规划为依据，运用严格、规范的方法对单条产品线市场情况、客户需求、竞争环境、产品结构进行分析，最后，明确产品线内产品结构与目标，规划其区域和渠道。

产品线战略规划具有承前启后的作用，它将规划落实到每一条产品线，为每条产品线的发展指引方向，规划发展途径，并给予策略支持。

4.1.1 产品线战略规划内容

对于公司的每一条产品线,规划人员需要进行具体分析,并结合公司产品的整体规划对各产品线进行详细规划,主要内容包括以下方面:

(1) 明确产品线的细分市场,分析各细分市场的潜力;

(2) 确定产品线竞争对手,与各竞争对手进行能力比较,掌握自己和竞争对手的优势、劣势及竞争策略;明确产品线内核心产品的市场竞争地位;

(3) 对产品线内部产品进行排序和利用SPAN(战略定位分析)进行分析,明确各产品之间的关系;

(4) 规划产品线内部产品的"7、2、1",明确各产品线内部的聚焦产品、突破产品和布局产品,并进行目标细分,规划产品线的发展方向和方式;

(5) 规划各产品线销售区域的"7、2、1",明确聚焦区域,突破区域和布局区域,对产品线进行区域目标细分;

(6) 规划各产品线销售渠道的"7、2、1",明确聚焦渠道,突破渠道和布局渠道,对产品线进行渠道目标细分。

4.1.2 产品线战略规划流程

产品线规划流程是产品战略规划的核心流程之一,规划人员可以参考以下步骤对产品线进行战略规划,见图4-1。

第一步:产品线市场环境分析。通过全面调研,明确产品线的细分市场,分析细分市场的潜力;确定产品线的竞争对手,与竞争对手进行能力比较,对产品进行竞争定位。

第二步:产品线结构分析。对产品线内各产品进行排序,利用SPAN(战略定位分析)掌握产品的战略分布,分析各产品之间的关系。

第三步：产品线结构规划。对产品线内各产品进行"7、2、1"规划，并将产品线目标细分到每个产品，规划产品线的长度、深度以及各产品的发展途径。

第四步：产品线区域规划。对产品线的各销售区域进行"7、2、1"规划，并将产品线目标细分到每个区域。

第五步：产品线渠道规划。对产品线的各销售渠道进行"7、2、1"规划，并将产品线目标细分到每个渠道。

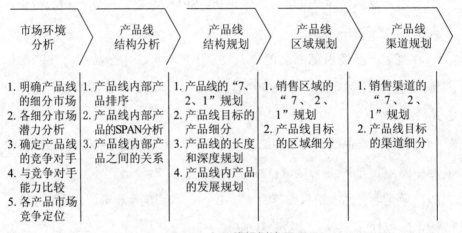

图4-1 产品线规划流程

4.1.3 产品线战略规划作用

产品线战略规划是在公司级产品战略规划的基础上对单条产品线进行规划，是公司级产品规划和单个产品规划的桥梁，发挥着重要作用，它主要体现在以下几个方面：

1. 帮助企业对未来消费者偏好的变化作出快速反应

当产品线中产品的个数足够多并涵盖消费者所有的偏好可能时(比如衣服的各种颜色)，消费群体的任何偏好变化(比如今年的春季流行色)都能通过各产品间的需求变化反映出来。对于只有单一产品或极少产品的生产者(比如只生产黑色和白色的衣服)来说,他们较难通过产品需求的变化推断出消费者的偏好变化。此外,很多采取产品线策略的企业都会使用模块化生产的理念。当消费者偏好发生变化时,企业并不需要对产品的每个细节进行重新设计,而只需要对其中部分模块进行改进,这为企业的快速反应创造了可能。

2. 满足消费者的多样化需求和偏好

产品线存在的基础是消费者需求的差异性,目的是针对不同的消费者设计不同的产品,因此同一产品线内不同产品可以满足消费者的不同需求与偏好;同时,帮助企业提高竞争力,占据更大的市场份额。

3. 设立门槛,阻碍竞争者进入市场

当产品线中产品种类增加,市场需求得到有效满足时,这些产品所在的产品线可以间接地形成市场准入门槛,增加行业壁垒,阻碍竞争者的进入。

4.2 产品线市场环境分析

产品线市场环境分析包括全面调研本产品线的市场、明确该产品线的细分市场，分析各细分市场的潜力；收集、整理竞争对手信息、产品信息，明确产品线及内部产品的竞争对手，与竞争对手进行能力比较，对内部产品进行竞争定位分析。通过以上分析我们可以发现该产品线的潜在机会与威胁，为产品线后续规划活动提供市场数据。该部分主要由产品线经理负责，各产品经理和各区域经理上报具体负责的产品信息、协助汇总完成本部分内容。

4.2.1 产品线的细分市场

1. 确定产品线的细分市场

产品线的细分市场即产品线的目标客户群，按产品线内部产品的需求和偏好不同，划分成不同的市场。首先，通过"谁"、"买什么"和"为什么买"三个层面对本产品线所包含的市场进行细分，得出多个可能的备选细分市场；然后，对备选的细分市场进行潜力分析，选出初步的目标市场；最后，收集初步目标细分市场的市场情报，进行调研和验证，为每一细分市场准备一份市场简介，结合本公司产品特点确定目标市场。

通过明确产品线的细分市场，一方面可以明确该产品线的消费目标群，分析产品线内部产品之间的关系;另一方面利用细分市场与现有产品的匹配关系,发现该产品线的空白市场或内部产品之间有冲突的细分市场,为现有产品规划管理及新产品开发提供有效信息。

> **案例展示**
>
> 我们将以××医药公司处方药产品线为例,分析该产品线的细分市场。
>
> **1. 识别市场,确定处方药产品线的市场需求范围**
>
> 该公司处方药产品线主要有处方药—11、处方药—12、处方药—21等产品,产品主要功能覆盖补血、提高免疫力、辅助治疗肿瘤、改善睡眠、止血消炎、升高血小板等方面。因此,该产品线市场需求范围是18岁以上需要补血和提高免疫力的成年人。
>
> **2. 确定市场细分变量**
>
> (1) 列举潜在消费者的基本需求
>
> 确定公司处方药产品线的市场范围后,需要明确客户的基本需求,为后面的深入分析提供基本资料。该医药公司通过调查,了解消费者购买本公司处方药的基本需求为:补血、止血、消炎和改善贫血等。
>
> (2) 了解潜在用户的不同要求
>
> 虽然补血、止血、消炎和改善贫血是所有消费者共同强调的,但不同的消费群体需求的原因是不一样的。比如,该公司通过调查,了解到青年购买该产品线上的处方药—12主要是因为分娩/人流/药流/引产,或者取/放环出血/子宫肌瘤出血/月经过多需要止血消炎;中年购买该产品线上的处方药—12是因为子宫肌瘤出血/月经过多需要止血消炎;而老年客户群几乎没有购买该产品线的处方药—12。通过差异比较,不同消费者群体即可初步被识别出来。

(3) 抽掉潜在消费者的共同要求

公司需要移去各分市场或各客户群的共同需求，才能更好地区分不同的消费群体之间的差别，进一步的为划分细分市场打好基础。上述所列处方药产品线的基本功能是补血、止血、消炎和改善贫血，这些基本功能是每类消费群体的共同要求，但不能作为细分市场的依据，因而应该剔除。

3. 形成细分市场

(1) 根据差异性需求细分市场

在剔除了潜在消费者的共同要求之后，我们便可以比较容易地找到消费者的差异性需求。消费者的差异性主要是根据消费者购买产品的不同原因来划分的。比如，青年购买该产品线上的处方药——11主要是因为贫血/产后/手术后/血液病患者需要补血；中年购买该产品线上的处方药——11是因为贫血需要补血；而老年客户群购买该产品线上的处方药——11主要是为了预防疾病，提高免疫力或者需要改善睡眠质量。因此该公司根据消费者的差异性将消费者分为青年、中年和老年三个子市场，并据此采用不同的营销策略。

(2) 进一步完善各个细分市场

通过以上过程，基本形成了一系列细分市场。接下来，公司还要对每一个子市场的顾客需求及其行为作更深入的考察。看看各子市场的特点掌握了哪些，还要了解哪些，进一步明确各子市场有没有必要再做细分，或重新合并，从而进一步完善细分市场，最终基本上可以确保所形成的各个细分市场拥有各自的需求特点，各个细分市场之间可区分性比较好。

4. 测试细分市场的价值/可行性

企业进行市场细分是为了寻找获利的机会，因此，需要对细分市场的价值和可行性进行测试。细分市场的价值包括现在的市场规模,以及未来的市场规模(市场发展潜力)。细分市场的可行性是对公司的财务、人力、技术等方面进行评估,考察公司是否有实力和能力进行该细分市场的业务拓展。

表4-1为处方药产品线的市场调查结果。

表4-1 处方药产品线的市场调查结果

谁	买什么	为什么买
青年	处方药—11	贫血需补血 产后需补血 手术后需补血 血液病患者需补血
	处方药—12	足月分娩后需止血、消炎 人流后需止血、消炎 药流后需止血、消炎 中期引产后需止血、消炎 取/放环出血需止血、消炎 子宫肌瘤出血需止血、消炎 月经过多需止血、消炎
	处方药—21	肿瘤贫血患者改善贫血 外科围手术期贫血患者需改善贫血 重度血液病患者需改善贫血 艾滋病治疗后需改善贫血
中年	处方药—11	贫血需补血
	处方药—12	子宫肌瘤出血需止血、消炎 月经过多需止血、消炎 消炎
	处方药—21	中度肾性贫血患者改善贫血 重度肾性贫血患者改善贫血 肿瘤贫血患者改善贫血 外科围手术期贫血患者需改善贫血 妇科手术后需改善贫血 艾滋病治疗后需改善贫血

(续表)

谁	买什么	为什么买
老年	处方药—11	贫血需补血 预防疾病，提高免疫力 需要改善睡眠质量
	处方药—12	无
	处方药—21	中度肾性贫血患者改善贫血 重度肾性贫血患者改善贫血 肿瘤贫血患者改善贫血 外科围手术期贫血患者需改善贫血

2. 产品线市场潜力分析

产品线市场潜力分析包括产品线细分市场潜力分析和产品线主销产品潜力分析两部分。这里，我们先介绍细分市场的潜力分析，主销产品的潜力分析在5.2节进行论述。

产品线细分市场潜力分析是评估该市场的未来发展空间；可以从市场容量、市场增长率和竞争程度三个要素进行评估。由于市场环境的变化性，一般采用定性的方法，评估者一方面根据评估对象的性质、特点、过去和现在的相关数据和最新信息，一方面结合直觉、经验对不确定的要素进行范围确定。例如，我们可以将某行业市场潜力分为高、中、低三个级别，见图4-2。对其三个细分市场的市场级别具体要求如下。

市场潜力高：市场空间大于100亿元，增长率>25%，竞争者之间的份额差距很明显(领导者与其他任何一个对手差距>30%)。

市场潜力中：市场空间大于50亿元、小于100亿元，15%<增长率<25%，竞争者之间的份额差距明显。

市场潜力低：市场空间小于50亿元，增长率<15%，竞争者之间的份额几乎相当。

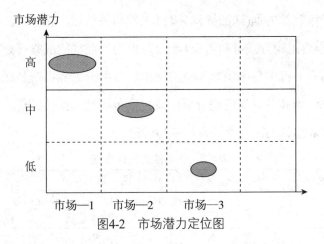

图4-2　市场潜力定位图

市场潜力分析为产品线选择目标细分市场提供依据，为产品线内新产品的研发或者产品的路标规划提供支持，为生产地点和销售地点的决策提供参考依据；另外，它可用于设定目标和评估绩效，市场潜力提供了要尝试达到的标准。

4.2.2　产品线竞争分析

1. 确定产品线的竞争对手

首先明确该产品线的竞争对手，并且对竞争对手按照重要性或者直接性进行排序，清楚竞争对手的竞争范围，包括竞争对手的主要竞争区域、渠道以及产品的功能范围，可参考表4-2进行统计。

表4-2　产品线A的主要竞争对手

排序	竞争对手	竞争范围
1		
2		
……		

2. 与竞争对手能力比较

明确产品线的竞争对手，分析竞争对手在竞争优势、竞争劣势、品牌认可度、竞争策略等方面(详细解释见表4-3)的相关信息,并与本公司产品线的优劣势相比较(比较方式可参考表4-4),从而为产品线的战略规划提供参考依据,制订有针对性的竞争策略和资源分配。本部分内容由产品线经理总体负责;由产品经理和各区域经理分析汇总;商务经理、推广经理、推广代表、终端拦截员和忠诚的消费者等人员参与讨论、确定。

表4-3 竞争能力比较指标

竞争指标	说　明
竞争优势	可以从竞争态势、品牌知名度、财政来源、企业形象、技术力量、规模经济、产品质量、市场份额、成本优势、广告攻势等方面分析
竞争劣势	从设备老化、管理混乱、缺少关键技术、研究开发落后、资金短缺、经营不善、产品积压、竞争力差等方面分析
品牌认可度	人们对一个企业及其产品、售后服务、文化价值的一种评价和认知程度
竞争策略	为了防御或进攻竞争对手所采取的方式方法

表4-4 与竞争对手比较

参考指标	本公司产品线A	竞争对手1	竞争对手2	……
竞争优势				
竞争劣势				
品牌认可度				
竞争策略				

注:产品线的竞争分析表格中,竞争策略一览中填写的是自己的产品、每个竞争对手的产品现在或近期所采取的竞争策略。

以××医药公司产品线A为例,它主要有三个竞争对手,我们从竞争优势、竞争劣势、品牌认可度和竞争策略四方面分析产品线A及其竞争对手,如表4-5。

产品线A具有非常高的品牌认可度,这源于它是大品牌、有质量保证、良好的产品效果和售后服务,但是它存在价格偏高、无促销费、货源不充足、终端利润偏低等劣势，在竞争过程中，采取了营业员培训、社区推广、健康知识讲座和小型促销活动等竞争策略。

竞争对手1的品牌认可度一般，这主要是由于其公司文化底蕴薄弱、广告投入少和产品质量无保证等原因造成的，但是由于公司设置药店拦截员、代金销售的竞争策略，使得该产品的认知度较高。

竞争对手2的品牌认可度也一般，这是由于它是地方品牌，全国覆盖度低，同时供货渠道混乱、包装档次低和人员素质较低等因素也严重影响了该产品的竞争力，但是较大的广告宣传力度和低价格使得该产品的认知度较高。

竞争对手3的品牌认可度较低，这是由于该产品质量无保证(较差)、人员素质较低等原因造成的，但是该产品也具有价格较低、促销费高、代销、终端利润大等优势。

表4-5 产品线A与竞争对手能力比较

参考指标	产品线A	竞争对手1	竞争对手2	竞争对手3
竞争优势	大品牌、质量保证、效果好、认知度高、美誉度好、售后服务好	价格低、操作灵活(代销+代金销售)、认知度较高	广告宣传力度大、价格低、促销费高、代销、地方品牌、影响力大、认知度较高、市场人员配置多	价格较低、促销费高、代销、终端利润大
竞争劣势	价格偏高、无促销费、货源不充足、终端利润偏低	价格混乱、质量无保证、文化底蕴薄弱、顾客对公司忠诚度低、广告投入少	地方品牌(全国覆盖度低)、质量无保证、供货渠道混乱、包装档次低、人员素质较低	质量无保证(较差)、品牌形象较差、人员素质较低
品牌认可度	相当高	一般	一般(部分地区高)	低
竞争策略	营业员培训、社区推广、健康知识讲座、小型促销活动、药店包装	设置药店拦截员、代金销售	渠道、终端促销力度大、代销+代金销售、设置拦截员、地面宣传力度大(条幅、墙体)	借助我司阿胶品牌的影响力，采取跟随策略，误导消费者

3. 产品的竞争定位

基于对产品线及内部产品与竞争对手之间的分析,我们可以借助市场份额、产品优势、成长性、品牌等评价指标确定本产品线内各产品的竞争地位,并进行竞争地位排序;目的是可观察产品线内各产品的市场竞争力并进行比较,关注具有较大市场竞争力的产品,发现竞争力较弱的产品并分析原因,同时能为产品线SPAN(战略定位分析)做数据准备。具体的计算过程参见2.4节的内容。

××汽车公司包含PS、HR、SKD、ST四条产品线,以PS产品线为例,该产品线包含PS_1、PS_2、PS_3和PS_4四种产品,其详细信息和定位见表4-6。

表4-6　PS产品线内产品的信息

产品名称	PS_1	PS_2	PS_3	PS_4
发动机排量/L	3.0	2.0	1.8	1.4
价位/万	31～32	27～29	21～24	16～19

评估这四种产品的竞争力,首先需要明确竞争力的评价标准。竞争力的高低可通过市场份额、增长率、份额差距和品牌认可度这四个评价指标来评价,评价指标的数值不同会给予不同的评分,该产品线各产品竞争力打分标准如表4-7。PS产品线评价指标打分结果见表4-8。

表4-7　竞争力评分标准

评价指标	1分	2分	3分	4分	5分
市场份额X/亿	X<10	10<X<20	20<X<30	30<X<40	X>40
增长率Y/%	Y<7	7<Y<10	10<Y<15	15<Y<20	Y>20
份额差距Z/%	Z<15	15<Z<20	20<Z<25	25<Z<30	Z>30
品牌认可度N/%	N<20	20<N<30	30<N<40	40<N<50	N>50

表4-8 PS产品线评价指标打分结果

产品	权重	PS_1	PS_2	PS_3	PS_4
市场份额	40%	3	5	1	3
增长率	25%	3	1	5	3
份额差距	10%	4	5	1	4
品牌认可度	25%	3	5	3	4
综合得分	100%	3.1	4	2.5	3.35

从表4-8中观察到,PS_2的竞争力最强,PS_4和PS_1的竞争力次之,且相差不多,PS_3的竞争力最弱;但是需要注意PS_2的增长率较低。利用以上四个产品的统计数据,将该产品线内的各产品竞争力强弱体现在图4-3中。

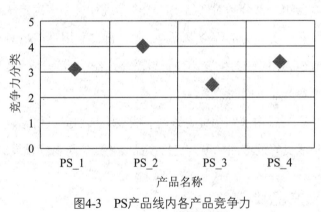

图4-3 PS产品线内各产品竞争力

4.3 产品线结构分析

本节的产品线结构是指单条产品线内部各产品的梯队关系,结构分析包括三部分内容:第一部分是对产品线内部产品进行排序,确定产品市场吸引力、竞争地位和财务能力的综合表现力;第二部分利用SPAN(战略定位分析)确定各产品在SPAN图中的位置,分析该产品线结构合理性;第三部分是分析产品线内部各产品之间的关系。

分析单条产品线内部结构可为该产品线战略规划提供信息,合理配置产品线结构,形成良好的产品梯度,支持产品线长期、可持续发展。

4.3.1 产品排序

单条产品线内部产品的排序可参照2.6节的内容与方法,从市场吸引力、竞争地位和财务能力三个维度,结合企业产品实际情况选择各评价指标的影响因素作为组合决策标准的评价因素,根据所属行业、企业的实际情况确定各影响因素权重(各权重相加和为100%),再对每个影响因素按照相应的评分标准进行评分,最后统计出每个产品的总分,按照得分由高至低将产品线内的各产品进行排序。

案例展示

本案例以××医药公司西药产品线中各产品为对象,介绍产品排序的方法。该公司西药产品线包含12种产品,西药—ij代表该产品线里的不同产品,其中第一个字母按不同的药品功效分类,第二个字母按药品剂型和药品规格分类。

表4-9列举了该产品线的五种产品,即西药—11、西药—12、西药—21、西药—22、西药—23。其中,评价指标市场吸引力、竞争地位和财务能力分别占50%、30%和20%的权重。市场吸引力考虑了市场空间(7%)、竞争程度(3%)、市场成长性(10%)、战略价值(10%)和毛利率(20%)共计六个影响因素;竞争地位考虑了市场份额(10%)、产品优势(4%)、品牌优势(14%)和渠道能力(2%)共计四个影响因素;财务能力考虑了开发费用(5%)、销售收入增长率(10%)和现金流贡献(5%)三个参考因素。表4-10是各影响因素的评分标准。

将各产品的计算结果在表4-11中按得分由高至低排序,可观察到,西药—11在这五个产品中的综合实力最强,西药—12次之,西药—21的综合实力较弱。

表4-9 ××公司西药产品线各产品评分表

评价指标	因素	权重	西药—11	西药—12	西药—21	西药—22	西药—23	……
市场吸引力(50%)	市场空间	7%	7	4	1	7	4	
	竞争程度	3%	10	1	1	7	4	
	市场成长性	10%	4	7	4	1	4	
	战略价值	10%	10	7	4	7	4	
	毛利率	20%	4	7	4	1	7	

产品战略规划

(续表)

评价指标	因素	权重	西药—11	西药—12	西药—21	西药—22	西药—23	……
竞争地位(30%)	市场份额	10%	7	7	4	1	1	
	产品优势	4%	7	4	10	4	7	
	品牌优势	14%	7	4	10	4	4	
	渠道能力	2%	10	1	7	4	4	
财务能力(20%)	开发费用	5%	7	4	7	4	10	
	销售收入增长率	10%	7	7	1	1	4	
	现金流贡献	5%	10	4	1	1	7	
综合得分		100%	6.7	5.35	4.54	2.95	4.87	

表4-10 影响因素评分标准

影响因素	打分标准			
	10分	7分	4分	1分
市场空间	>10亿	5～10亿	1～5亿	<1亿
竞争程度	相差悬殊，份额相差>40%	相差较明显，份额相差20%～40%	相差不明显，份额相差10%～19%	实力接近，份额相差<10%
市场成长性	>30%	>20%	>10%	<10%
战略价值	与公司核心竞争力直接相关的产品	与公司核心竞争力相关的产品	与公司核心竞争力间接相关的产品	与公司核心竞争力无关的产品
毛利率	>60%	40%～60%	30%～40%	<30%
市场份额	>50%	20%～50%	10%～20%	<10%
产品优势	明显优于同类产品	有局部优势	疗效低于同类	质量差
品牌优势	品牌能够直接产生购买	品牌能够促进购买	品牌影响力弱	几乎无品牌影响力
渠道能力	渠道的实力优秀，且受控制	渠道实力较好且能够控制	渠道实力一般或无法控制	渠道实力一般且难以控制
开发费用	投入销售额>10%	投入销售额为6%～9%	投入销售额为3%～5%	投入销售额<3%
销售收入增长率	>20%	10%～20%	5%～10%	<5%
现金流贡献	重要的现金流来源	非重要的现金流来源	盈亏平衡	亏损

表4-11 产品线中各产品排序结果

排序结果	产品名称	综合评价
1	西药—11	6.7
2	西药—12	5.35
3	西药—23	4.87
4	西药—21	4.54
5	西药—21	2.95
……		

4.3.2 产品线的SPAN

产品排序是对产品综合性能的评估，但从产品排序结果中，不能确定各产品的优势和劣势，从而不能直接确定该产品线的内部结构和制订针对性的营销策略。

利用SPAN图，对产品线内各产品从市场吸引力和竞争地位两个维度进行分析，选择适合本公司的分析指标进行计算，最后将结果绘制在SPAN图中。SPAN图的不同表现形式具有不同的含义，我们在表4-12中列举了典型的结构分布，即"绩优股"、"蓝筹股"、"潜力股"、"ST股"。

表4-12 产品线的SPAN

结构级别	数量表现形式	说　明
绩优股		产品主要分布在第一、第二、第三象限，其中，第一象限是产品线收入的主要支撑。这种表现形式的产品线具有优秀的产品结构、良好的产品梯队
蓝筹股		产品主要落在第三象限，它是该产品线收入的主要来源；第一、第二象限也有部分产品，收入贡献较少；第四象限产品数量极少且贡献率很低。该表现形式的产品线在市场上具有较高的竞争地位
潜力股		产品主要落在第二象限，它是该产品线收入的主要来源；第一、第三象限也有部分产品，对该产品线收入贡献了部分力量；第四象限产品数量极少且贡献率很低。该表现形式的产品线在市场上具有较高的市场吸引力

(续表)

结构级别	数量表现形式	说　明
ST型		产品主要落在第三象限，它是该产品线收入的主要来源；第二、第四象限也有部分产品，对该产品线收入贡献了部分力量；第一象限产品数量极少且贡献率很低。该表现形式的产品线结构抗风险能力差

在进行产品战略定位分析(SPAN)时，应把产品线内的产品尽量多地进行战略地位分析。对产品线内产品的SPAN具有重要意义，一是有利于明确产品线产品结构的合理性；二是有利于对各个产品进行战略角色定位；三是为各个产品的营销策略提供依据。

4.3.3　产品之间的关系

产品线内部各产品之间的关系，主要有竞争和互补两种。竞争关系是指两个或多个产品的目标客户群发生重叠，各产品为了扩大自己的市场份额，提高利润而在产生的一系列经营活动中互争的状态。互补关系是指两个或多个产品之间互相补充或相互作用才能实现产品的功效，产生更大的经济效益，例如：汽车与汽油就是互补关系。

明确产品线内部产品之间的关系类别，可以采取不同的规划方案和销售策略。如果是互补关系的产品，就进行产品组合；如果是竞争关系的产品，就要采取产品分隔销售。分隔销售主要有区域分隔销售、渠道分隔销售、价格分隔销售和产品组合分隔销售。分隔过程中可采取以上四种分隔方式中的一种或多种组合对竞争关系的产品进行分隔。

产品线在开发新产品时，应尽量避免产品之间的竞争关系，如果有竞争关系，应该在产品投放市场前，就做好竞争产品之间的分隔。

本案例以××阿胶公司阿胶类中成药产品线中各产品为对象，主要有阿胶(固体块)、阿胶(液体)、复方阿胶浆、复方阿胶颗粒、阿胶补血膏、阿胶补血颗粒等产品，该产品线的产品地图见图4-4。

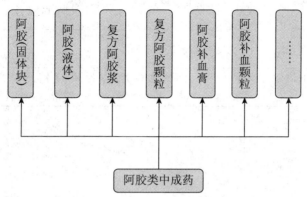

图4-4　阿胶类中成药产品线地图

分析各产品的功能和剂型，由于复方阿胶浆和阿胶补血膏都有补气养血的功能，具体功能可参考表4-13，因此他们是竞争的关系，建议在价格和区域上进行分隔。复方阿胶浆主要在一线城市药店和三甲医院销售，价格较高，而复方阿胶颗粒只在社区和二、三线城市药店销售，且价格较低。

阿胶(固体块)和阿胶(液体)、阿胶补血膏和阿胶补血颗粒都在产品功效上没有太大差别，只是为了患者使用方便，及药物用量的准确性和稳定性，产品剂型设计有所不同，因此他们也是竞争的关系。

产品战略规划

表4-13 阿胶类中成药产品线内产品的功效

名称	主治功能	主销区
阿胶(固体块)	补血滋阴、润燥、止血。用于血虚萎黄、眩晕心悸、心烦不眠、肺燥咳嗽	主销广东地区，用于煲汤，价格低
复方阿胶浆	补气养血。用于气血两虚、头晕目眩、心悸失眠、食欲不振及白细胞减少症和贫血	主销一线城市的三甲医院、价格较高
阿胶补血膏	滋阴补血、补中益气、健脾润肺。本品用于久病体弱、血亏目昏、虚痨咳嗽，用于术后、病后、产后补血滋养。	主销医院，主要购买者为医院病人
阿胶补血颗粒	益气补血。用于久病体弱、气虚血亏	主要针对年轻白领女性，服用方便，价格高
阿胶(液体)	补血滋阴、润燥、止血。用于血虚萎黄、眩晕心悸、心烦不眠、虚风内动、肺燥咳嗽	主销长江中下游江浙一带，主要在秋冬季销售

4.4 产品线战略规划

基于本章前几节对单条产品线的市场分析、竞争分析与结构分析,为了促进单条产品线健康发展、目标与愿景的顺利完成,本节我们将运用一套系统的方法、工具对单条产品线进行战略规划,主要包括产品线结构规划、产品线区域规划和产品线渠道规划三部分内容。

4.4.1 产品线结构规划

参照分析结果,产品线的结构规划包括产品线内部的"7、2、1",产品目标细化和产品线的发展规划三部分内容。

1. 产品线内部的"7、2、1"

产品线内产品7、2、1是产品线发展规划的核心内容之一,有利于集中精力和资源突破市场吸引力和竞争地位高的产品,这符合产品生命周期理论的发展规律。产品线内产品7、2、1定义:

对这三类产品使用"7、2、1原则",建议的资源配置行为是:70%的资源投入聚焦产品,20%的资源投入突破产品,10%的资源投入布局产品,如图4-5所示。

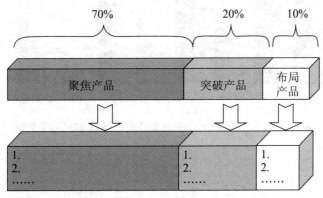

图4-5 产品线内部的"7、2、1"

案例展示

以××公司家用变频空调挂机产品线为例,该产品线有节能、舒适气流、静音和超薄四种基本款空调,每款空调包含1P和1.5P两种类型。2009—2011年各产品的销售额见表4-14和图4-6,同时从市场吸引力和竞争地位两个维度分析各产品的市场位置,结果见图4-7。

表4-14 ××公司家用变频空调挂机产品线各产品销售额　　　　　　　　/千万

时间	节能		舒适气流		静音		超薄		合计
	1P	1.5P	1P	1.5P	1P	1.5P	1P	1.5P	
2009	3.5	6.9	2.2	4.2	1.8	3.8	0.9	1.8	25.1
2010	4.2	8.5	3.1	5.6	2.3	4.5	1.2	2.4	31.8
2011	5.3	10.2	3.9	7.5	3.6	5.5	1.8	3.8	41.6

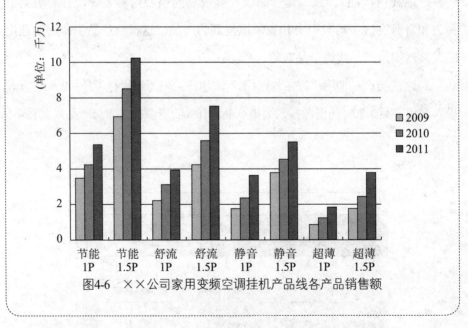

图4-6 ××公司家用变频空调挂机产品线各产品销售额

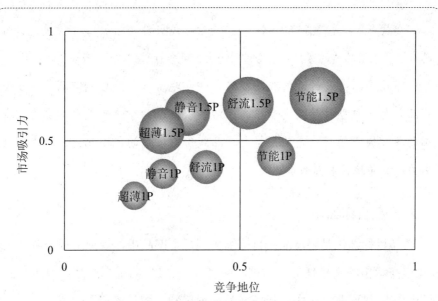

图4-7 ××公司家用变频空调挂机产品线各产品定位

观察以上两图并结合产品线内产品的"7、2、1"划分原则,该产品线内产品的"7、2、1"划分如下(见图4-8)。

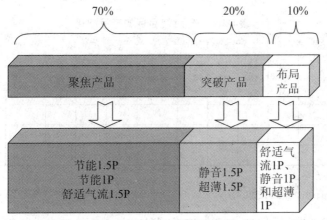

图4-8 家用变频空调挂机产品线产品的"7、2、1"

聚焦产品:是节能1.5P、舒适气流1.5P和节能1P变频挂式空调,这三类空调从功能和匹数上比较符合主流消费者的需求,因此年销售额较高,是该产品线的主要产品,具有较高的市场吸引力和竞争地位。

> 突破产品：是静音1.5P和超薄1.5P变频挂式空调。这两个产品主要是针对具有较高生活品质的客户，市场吸引力大，竞争地位仅次于"7"类的产品。
>
> 布局产品：是舒适气流1P、静音1P和超薄1P变频挂式空调。这三个产品是为小户型房屋且具有较高生活品质要求的客户开发的，主要在我国的各大城市销售，是为了扩大产品线份额设计的，因此，产品市场吸引力和竞争地位相对较弱。

2. 产品目标细化

产品目标细化是将产品线目标细化到每个产品中，规划出每个产品在未来几年需承担的销售任务。通过产品"7、2、1"明确本产品线内各产品的划分情况，进而制订未来三年各产品的销售额、增长率和贡献率，规划结果可以参照表4-15。其中，T表示今年的年份，T+1表示未来第一年，T+2表示未来第二年，以此类推，一般情况不超过3年。i代表公司不同产品线，j代表i产品线中的某个产品。

表4-15　产品线1目标的产品细化

年份	产品—11			产品—12			……	产品—ij			……	合计	
	销售额	增长率	贡献率	销售额	增长率	贡献率		销售额	增长率	贡献率		总销售额	平均增长率
T+1													
T+2													
T+3													

3. 产品线的发展规划

产品线的发展规划是参照该产品线的目标，规划该产品线的发展方向和途径，主要包括产品线的长度规划和内部产品的发展规划。

(1) 产品线的长度规划

产品线长度规划是产品线发展策略的首要问题。通过增加产品线长度，可以满足更多消费者的不同需求，吸引更多的消费者；但是产品线加长将会使一些产品成本上升，如果成本上升幅度超过了利润上升水平，此策略就失去了意义。因此产品线既不能过长又不能过短，一定要适度。

规划产品线长度的主要依据是市场需求、企业生产经营能力和企业战略目标。如果目标市场需求差异较小，产品线可以短些，反之则长些；如果企业生产经营能力较强，则产品线可以长些，反之则短些；如果企业的战略目标是谋求在本行业中占据主导地位，获得较高的市场占有率和市场增长率，产品线可长些，如果企业的战略目标是取得较高的利润收益，产品线就可短些，并且选择利润率高的产品项目。

关于产品线长度问题的发展策略有产品线向上延伸、产品线向下延伸、产品线双向延伸、产品线填充以及产品线削减策略，前四种是增加产品线长度的策略，最后一种是减短产品线长度的策略，发展策略的详细信息见表4-16。

表4-16 产品线长度发展策略

发展策略	说明	动机	风险
产品线向上延伸	在市场上位于低档产品的企业可能会打算进入高档产品市场	1. 企业被高档产品较高的增长率和较高的利润所吸引 2. 为使企业成为具有完整产品线的制造商	1. 市场上高档产品的竞争对手不仅会固守阵地，而且还会反过来进入低档产品市场 2. 从分销商和销售代表来看，可能会因为缺乏必要的能力，不能很好地在较高档次的产品市场发挥作用
产品线向下延伸	企业最初位于市场的高端，随后产品线向下延伸	1. 企业在高档产品市场受到攻击，决定在低档产品市场进行反击 2. 企业在高档产品市场增长缓慢 3. 企业最初步入高档市场是为了树立质量形象，然后再向下延伸 4. 填补市场空隙，否则其竞争对手会乘虚而入	1. 扩张同时，企业扩展低档产品可能会激发竞争者将产品品种相应转移到高档产品方面 2. 公司的经销商有可能不愿意或者没有能力经营低档产品，因为这些产品获利性小，并且可能损害经销商的形象

(续表)

发展策略	说　明	动　机	风　险
产品线双向延伸	定位于市场中端的企业可能会向上下两个方面延伸自己的产品线	1. 企业发展势头良好时，向上延伸可以提升品牌档次、增加利润幅度；向下延伸可以吸引更多的消费者，健全整个产品系列	
产品线填充	在现有产品线的范围内增加一些品种，从而使产品线拉长	1. 获取增量利润，满足那些经常抱怨由于产品线不足而使销售额下降的经销商 2. 充分利用剩余的生产能力 3. 争取成为领先的、产品线全满的公司 4. 设法填补市场空隙，防止竞争者的侵入	1. 新旧产品自相残杀 2. 在消费者心目中造成混乱 3. 新产品的品种没有显著的差异
产品线削减	去掉现有产品线的某些产品项目，缩短产品线	1. 产品线中可能包含使利润减少的、卖不掉的陈货，可以通过销售额和成本的分析来识别疲软的项目 2. 公司缺乏使所有项目都达到期望销售量的生产能力	

案例展示

根据表4-17对产品线发展策略的详细解释，我们以河北"小洋人"、雀巢乳品和蒙牛这三个公司为例，展示他们对产品线长度的规划案例。

向上延伸案例

河北"小洋人"最初的产品为酸奶饮料，主要面向三、四级消费市场。由于牛奶市场需求的快速增长，"小洋人"的产品线不再停留在含乳饮料上，而是积极向酸奶、功能性牛奶、UHT奶等方面扩展。

向下延伸案例

雀巢乳品在中国市场以前一直定位于高端功能性乳品，但是随着国内乳品市场竞争的加剧,死守高端市场的做法已经不利于雀巢在中国市场份额的进一步扩大,于是雀巢增加了与国内品牌相抗衡的中低端乳品。

双向延伸案例

蒙牛以常温奶,特别是利乐包威震乳业界,但该公司在攻占全国市场方面,逐步改变以往单一常温奶打天下的策略,增加了保鲜奶产品。这样,蒙牛可以根据各地竞争对手以及市场需求情况,增强蒙牛在液态奶市场的攻击力;另外,蒙牛还积极开发其他品类的乳制品,在正被洋品牌垄断的部分市场积蓄力量,选准时机发起攻势。

(2) 产品的发展规划

通过对产品线主卖产品的竞争定位和市场吸引力分析,可以获得本产品线主卖产品在SPAN图中的位置,确定SPAN图中四个象限分别包含的产品,同时,利用SPAN图确定产品线内的产品、区域、渠道的"7、2、1"和目标任务。下面,我们将明确每个象限中的产品应该采取什么样的战略行动和具体措施,见表4-17。

第一象限的产品:表示产品的市场吸引力很高,它的竞争地位也很高,这样的产品几乎总是有利润的,是产品线的聚焦产品。应该采取的战略行动为:增加投资,保持市场份额的增长。采取的具体措施主要为:一是平衡回报与增长之间的关系;二是防止对手的进入;三是保持高速增长,以获得更高的市场份额。

第二象限的产品:表示产品的市场吸引力很高,但是它的竞争地位低,这样的产品通常是没有利润的,是产品线的突破产品。应该采取的战略行动为:获取技能,提高自己的竞争地位。采取的具体措施主要为:一种可能是削减投资,投资到利润更多的细分市场;另一种可能是增加资源,在短时间内提高竞争地位。

产品战略规划

第三象限的产品：表示产品在该产品线内的竞争地位很高，可是本产品的市场吸引力很低，产品在这里的发展潜力也就很小了，这样的产品通常有比较大的利润，是产品线的突破产品。采取的措施主要是：一是提高回报；二是整合机会，把优质资源或优秀人才整合到第二象限或第一象限。

第四象限的产品：表示产品的市场吸引力和竞争地位都很低，这样的产品线/产品几乎无利润，有可能是产品线的布局产品。如果产品长期处于这个位置，应该采取的战略行动为：避免进入或者退出该产品线。采取的具体措施是：一是退出没有利润的细分市场；二是管理好现金和回报，不再增加投资。

对于各象限的产品在分销、成本、生产、研发等具体的营销策略，可参考2.4.4的内容。

表4-17　产品的战略行动和具体措施

产品SPAN位置	呈现形式	战略行动	具体措施
第一象限	（左上有圆点）	增加投资，保持市场份额的增长	1. 平衡回报与增长之间的关系 2. 防止对手的进入 3. 保持高速增长
第二象限	（左下有圆点）	获取技能，提高自己的竞争地位	1. 削减投资，投资到利润更多的细分市场 2. 增加资源，在短时间内提高竞争地位
第三象限	（右上有圆点）	不再增加投资，只是收获或者重新细分市场，开发新的需求	1. 提高回报 2. 整合机会，把优质资源或优秀人才整合到第二象限或第一象限
第四象限	（右下有圆点）	避免进入或退出该产品线	1. 退出没有利润的细分市场 2. 管理好现金和回报，不再增加投资

4.4.2 产品线区域规划

单条产品线的目标可通过3.3节的内容获得,那么每条产品线该如何完成目标呢?我们将从产品线内部产品、销售区域与销售渠道三个方面对单条产品线进行目标细分,即将产品线的业务目标分解到未来三年每一年的每个目标细分市场,它是业务规划中最重要的内容之一。

1. 产品线区域的"7、2、1"

产品线区域的"7、2、1"是产品线发展规划的核心内容之一,有利于集中精力和分配有限的资源重点突破市场潜力大和产品竞争地位高的区域,这是集中优势资源发展那些容易提高销售量的区域的战略思想。

对这三类区域使用"7、2、1原则",建议的资源配置行为是:70%的资源投入聚焦区域;20%的资源投入突破区域;10%的资源投入布局区域,如图4-9所示。

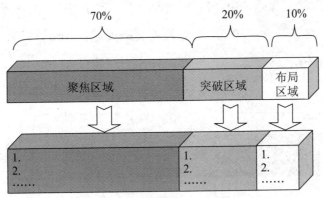

图4-9 产品线区域的"7、2、1"

2. 产品线目标的区域细化

产品线中每个销售区域所要承担的销售目标任务,通过区域"7、2、1"明确本产品线的产品销售区域的划分情况,据此为每个区域制订今后3年内的销售额预测和计划，从而制订更有效的价格、广告、促销等策略，以实现销售目标。详细的目标区域细化可参考表4-18。

表4-18 产品线A目标的区域细化

年份	区域1			区域2			区域3			…	合计	
	销售额	增长率	贡献率	销售额	增长率	贡献率	销售额	增长率	贡献率		总销售额	平均增长率
T+1												
T+2												
T+3												

4.4.3 产品线渠道规划

1. 产品线渠道的"7、2、1"

产品线渠道的"7、2、1"也是产品线发展规划的核心内容之一，有利于集中精力和分配有限的资源重点突破市场潜力大和产品竞争地位高的渠道。

对这三类销售渠道使用"7、2、1原则"，建议的资源配置行为是：70%的资源投入聚焦渠道；20%的资源投入突破渠道；10%的资源投入布局渠道，如图4-10所示。

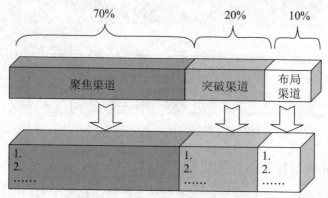

图4-10 产品线渠道"7、2、1"

案例展示

以××家电公司家用空调变频产品线的销售渠道为例，应用销售渠道的"7、2、1"原则。该产品线的主要销售渠道终端为专卖店、大型家电连锁、集团采购、百货商场和网上直销五种，利用SPAN图从市场吸引力和竞争地位两个维度分析这五种渠道，结果如图4-11。

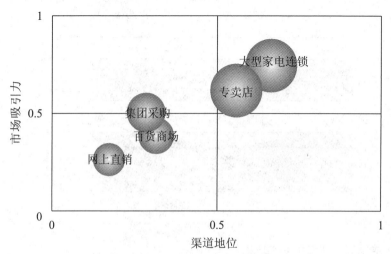

图4-11 产品线渠道战略定位

观察图4-11并结合产品线销售渠道的"7、2、1"划分原则，该产品线销售渠道的"7、2、1"划分如图4-12。

聚焦渠道：是大型家电连锁(例如：国美和苏宁)和实体专卖店。这两个渠道从产品质量、产品种类和售后服务等方面都具有较强的专业性，并且具有较高的客户认可度，并且本公司产品在这两个渠道中具有较强的市场吸引力和竞争地位，获得较大的销售额比例，从而作为"7"类的渠道进行"聚焦"。

突破渠道：是集团采购。该渠道的市场潜力较大，现有市场规模仅次于"7"类的渠道，但该产品线产品在此渠道的开发力度还不够，市场竞争地位较弱，营销能力不高，故竞争地位较低，因此可作为"2"类渠道进行重点突破。

布局渠道：是百货商场和网上直销。百货商场的销售专业性不强，是公司为了扩展市场份额布局的渠道；电子商务未来市场潜力较大，但目前受制于售后安装、维护等服务。所以这两个渠道目前的战略定位相对较弱，销售额较低，属于"1"类布局渠道。

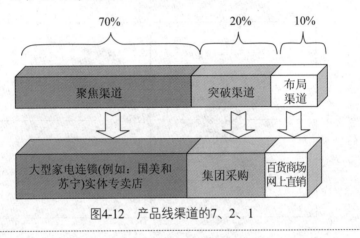

图4-12　产品线渠道的7、2、1

2. 产品线目标的渠道细化

产品线中产品的主要销售渠道需要承担的销售目标任务，通过渠道"7、2、1"明确本产品线的产品销售渠道的划分情况，据此为每个渠道制订今后3年内的销售额预测和计划，协助产品线制订渠道的营销策略、广告、促销的方式以及资源的预算和分配；详细的目标渠道细化可参考表4-19。

表4-19　产品线A目标的渠道细化

年份	渠道1			渠道2			渠道3			……	合计	
	销售额	增长率	贡献率	销售额	增长率	贡献率	销售额	增长率	贡献率		总销售额	平均增长率
T+1												
T+2												
T+3												

| 第5章 |

主要产品发展规划

本章内容结构图

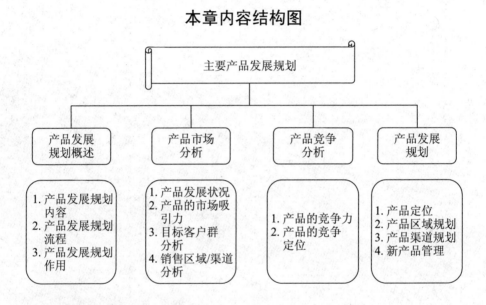

5.1 产品发展规划概述

本章规划对象是公司或产品线的主销产品,以公司级产品战略规划和产品线战略规划为指导,将战略规划落实到每一个具体的产品上,它是产品战略规划的核心内容。本章将运用科学、规范的方法分析主要产品的市场环境、竞争对手和自身状况,在此基础上,对主要产品进行产品定位、路标规划、区域规划和渠道规划等,从而明确每个产品的发展方向和路径,为实现公司的发展目标奠定与夯实基础。

5.1.1 产品发展规划内容

对于公司的每一个产品,规划人员需要进行具体分析,并结合公司产品的整体规划对各产品进行详细规划,主要内容包括以下几方面:

(1) 分析公司产品的市场,包括产品的市场状况、产品生命周期、目标客户群、市场吸引力及销售区域/渠道等;

(2) 分析、比较产品和竞争对手的能力,并进行产品竞争定位和竞争力计算;

(3) 对产品属性和产品战略角色进行定位,规划产品的发展模式和路标;

(4) 规划产品销售区域与渠道的"7、2、1",并进行产品目标区域/渠道细化。

5.1.2 产品发展规划流程

主要产品发展规划流程是产品战略规划的核心流程之一,规划人员可以参考以下步骤对主要产品进行战略规划,见图5-1。

第一步:产品线市场分析。通过全面调研,明确产品的消费市场,了解产品市场的发展状况、明确产品在该市场的生命周期;计算产品各消费市场的吸引力大小;分析产品目标客户群的需求和消费行为;掌握产品销售区域和渠道的状况。

第二步:产品竞争分析。明确产品的竞争对手,利用客户需求$APPEALS模型计算产品和其竞争对手的竞争力,并对产品的区域和渠道进行竞争定位。

第三步:产品定位。包括产品的属性定位和战略角色定位两方面,明确产品在发展规划中承担何种角色,如形象型、主销型、辅销型、掩护型或狙击型。

产品战略规划

第四步：产品线区域/渠道规划。对产品的各销售区域/渠道进行"7、2、1"规划，并将产品线目标细分到每个区域/渠道。

第五步：新产品管理。明确新产品的开发流程，规划产品路标并拟定相应的任务书，从产品细分、产品配置、目标客户群、产品属性定位、产品战略角色、价格规划和营销策略七部分设计产品的商业模式，对公司进行整合，使客户价值最大化，创造持续利益。

主要产品的规划流程主要是由该产品的产品经理负责，具体内容可由各区域的经理、推广经理、商务经理、销售员等协助、提供信息等。产品规划过程是一个长期的、系统思考的过程，而不是仅靠年底突击就能完成的工作。

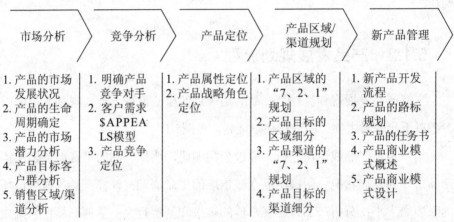

图5-1 产品发展规划流程

5.1.3 产品发展规划作用

主要产品的发展规划是公司产品战略的落脚点，在广泛调查研究的基础上，全面分析、正确判断、科学预测产品的特征，明确现实的和潜在的竞争对象，判明所面临威胁的性质、方向和程度等，其重要意义主要表现在以下几个方面：

(1) 落实公司级与产品线战略规划

本章将产品战略规划落实到每个产品的规划,包括产品定位、明确发展模式与路径,规划销售区域和渠道等,为具有宏观性、指导性的公司级规划落地生根。

(2) 确定产品特色,区别于竞争者

通过分析产品市场情况、竞争对手和自身优劣势,确定产品的机会与威胁,从产品的属性和战略地位进行定位,建立自己的特色,从而区别于竞争者。

(3) 促进产品稳定地更新换代,保持可持续发展

通过产品今后的发展路标与模式,明确产品的发展方向与路径,可按照产品任务书开发下一代产品。

5.2 产品市场分析

主要产品的市场分析就是通过调研,获取本产品目前的市场发展状况,分析市场发展趋势与市场吸引力;确定本产品的目标客户群,分析消费者的需求和消费行为;明确产品的销售区域和渠道,并进行定级规划。因此,产品市场分析主要包括三个业务活动:产品发展状况,产品的市场吸引力、目标客户群分析和销售区域/渠道分析。

5.2.1 产品发展状况

1. 产品的市场发展状况

产品市场发展状况是指公司产品从上市到当前,在市场上的总体发展情况,具体表现在近年的市场占有率、市场覆盖率、品牌价值及在市场上的生命周期等方面的现状与变化。明确产品的发展状况,不仅有助于我们分析产品的发展趋势和市场吸引力,还能帮助我们抓住市场机会和预防市场风险,提高产品的效率。

对于技术型企业,产品的技术发展状况需要重点掌握,包括该产品目前技术发展的内容、水平、速度、方式、利益等方面。企业应根据自身的技术力量、资源和实际需要,以及企业所处行业技术发展的特点,量身定做和选择合适的技术发展方针。

2. 产品生命周期

产品生命周期(PLC,product life cycle),是产品的市场寿命,即一种新产品从开始进入市场到被市场淘汰的整个过程。它是美国哈佛大学教授雷蒙德·弗农(Raymond Vernon)1966年在其《产品周期中的国际投资与国际贸易》一文中首次提出的。典型的产品生命周期一般可以分成四个阶段,即引入期、成长期、成熟期和衰退期。图5-2表示了产品在不同生命周期阶段销售额和利润的体现。

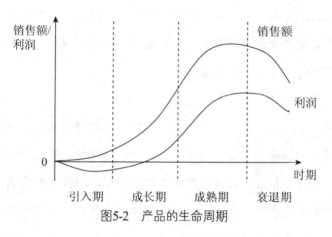

图5-2 产品的生命周期

第一阶段:引入期

引入期指产品从设计投产直到投入市场进入测试阶段。新产品投入市场,便进入了引入期。此时产品品种少,消费者对产品还不了解,除少数追求新奇的消费者外,几乎无人实际购买该产品。生产者为了扩大销路,不得不投入大量的促销费用,对产品进行宣传推广。该阶段由于生产技术方面的限制,产品生产批量小,制造成本高,广告费用大,产品销售价格偏高,销售量极为有限,企业通常不能获利,反而经常亏损。

第二阶段:成长期

当产品经过引入期,销售取得成功之后,便进入了成长期。成长期是指产品通过试销效果良好,购买者逐渐接受该产品,产品在市场上站住脚并且打开了销路。这是需求增长阶段，需求量和销售额迅速上升。生产成本大幅度下降，利润迅速增长。与此同时，竞争者看到有利可图，将纷纷进入市场参与竞争，使同类产品供给量增加，价格随之下降，企业利润增长速度逐步减慢，最后达到生命周期利润的最高点。

第三阶段：成熟期

成熟期指产品大批量生产并稳定地进入市场销售，经过成长期之后，随着购买产品的人数增多，市场需求趋于饱和。此时，产品普及并日趋标准化，成本低而产量大。销售增长速度缓慢直至转而下降，由于竞争的加剧，导致同类产品生产企业必须加大在产品质量、款色、规格、包装服务等方面的投入，在一定程度上增加了成本。

第四阶段：衰退期

产品进入了淘汰阶段。随着科技的发展以及消费习惯的改变等原因，产品的销售量和利润持续下降，产品在市场上已经老化，不能适应市场需求，市场上已经有其他性能更好或价格更低的新产品，以满足消费者的需求。此时成本较高的企业就会由于无利可图而陆续停止生产，该类产品的生命周期也就陆续结束，以至最后完全撤出市场。

我们将产品的销售额、利润、现金流量等指标在生命周期四个阶段的具体特征通过表5-1表示出来。

表5-1　产品生命周期各阶段特征

阶段	销售额	利润	现金流量	竞争
引入期	低	快速增长	缓慢增长	降低
成长期	易变动	高	下降	低/无
成熟期	负数	适度	高	低
衰退期	爱好新奇者 甚微	较多 加强	大众 激烈	后随者 减弱

由于企业资金、技术水平、管理能力的不同以及地域性的差异，产品生

命周期在不同企业、不同销售区域的发生时间和过程是不一样的，期间存在一个较大的差距和时差。这一时差反映了不同企业的优劣势，以及同一产品在不同区域竞争地位的差异，从而影响企业制订各自的产品策略。管理者可认真研究和运用产品的生命周期理论，根据产品不同发展阶段及其特点，采取匹配的规划策略，使产品产生最大的销售业绩，赚取足够的利润来补偿在推出该产品时所做出的努力和经受的风险。

5.2.2 产品市场吸引力

产品市场吸引力指产品/服务引导人们购买和使用的力量，可以对产品的若干细分市场从产品市场容量、产品市场增长率和竞争程度三个要素进行分析。它一方面帮助企业找出众多产品中市场吸引力较大的产品，可为公司带来较大营销机会与经济效益；另一方面为分析产品线的产品结构合理性、各产品的战略角色定位提供依据。

产品的市场吸引力分析可以采取定量的计算方式，搜集市场数据，建立数据模型，用数学模型计算潜力值。设某产品线的产品 i 的市场吸引力(market potential)、市场容量(market size)、市场增长率(market growth rate)和竞争程度(competion degree)分别为 MP_i、MS_i、MGR_i 和 CD_i，则

$$MP_i = \frac{MS_i}{\max MS} \times a_1\% + \frac{MGR_i}{\max MGR} \times a_2\% + \frac{CD_i}{\max CD} \times a_3\%$$

$$\sum_{i=1}^{3} a_i = a_1 + a_2 + a_3 = 100\%$$

公式中 maxMS、maxMGR 和 maxCD 为该产品线中相应指标的最大值，a_i 为各指标的权重大小，权重大小根据不同产品线、不同行业特点适度调整，其中，产品 i 的竞争程度 CD_i 分为高、中、低三个级别，分别配以1分、3分和5分。

通过计算可以得到各主销产品的市场吸引力值，依据潜力值大小，

可以设计产品市场吸引力评估标准，例如：当$P≥M$时，市场吸引力为高；当$N<P<M$时，市场吸引力为中；当$P≤N$时，则市场吸引力为低，且$0<N<M<0<N<M$。最后，可以将结果表现在二维图中。

以××公司洗发护发产品线为例，该产品线包含去屑型、滋养型、柔顺型和锁色修护型四种产品。目前洗发行业的竞争激烈程度较大，该公司在市场上由于具有较强的竞争地位，并且市场容量和市场增长率对公司的产品销售政策影响较大，因此可以选择市场容量的权重为40%，市场增长率的权重为40%，竞争程度的权重为20%来计算。

搜集并统计这四种产品市场容量、市场增长率和竞争程度的表现，见表5-2；发现柔顺型洗发水的市场容量和市场增长率都是最大的，则178.6定为市场容量的标准，10.3%为市场增长率的标准。

表5-2　××公司2007年洗发护发产品线产品的市场吸引力分析表

	去屑型	滋养型	柔顺型	锁色修护型
市场容量/百万	138.6	120.6	178.8	100.6
市场增长率/%	6.9%	7.5%	10.3%	8.4%
竞争程度	中	中	高	低

根据市场吸引力的计算公式和表5-2中各产品的市场容量、市场增长率和竞争程度的值，四种产品的市场吸引力具体计算方法如下。

去屑型洗发水的市场吸引力值为：

138.6/178.8×0.4+0.069/0.103×0.4+3/5×0.2=0.697

滋养型洗发水的市场吸引力为：

120.6/178.8×0.4+0.075/0.103×0.4+3/5×0.2=0.679

柔顺型洗发水的市场吸引力为：

178.8/178.8×0.4+0.103/0.103×0.4+1/5×0.2=0.84

锁色修护型的市场吸引力为：
100.6/178.8×0.4+0.084/0.103×0.4+5/5×0.2=0.425

该产品线各产品市场吸引力评估标准为：当P≥0.8时，市场吸引力为高；当0.5<P<0.8时，市场吸引力为中；当P≤0.5时，则市场吸引力为低。最后将各产品的市场吸引力值按评估标准显示在图5-3中，可观察到柔顺型洗发水具有较大的市场吸引力，去屑型和滋养型次之，锁色修护型市场吸引力相对较弱。

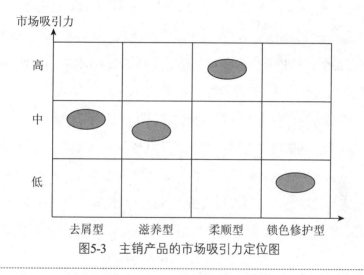

图5-3 主销产品的市场吸引力定位图

5.2.3 目标客户群分析

产品的目标客户群(产品的目标市场)是从产品的若干细分市场中，选取产品市场吸引力大，企业期望、有能力占领开拓市场，能为该产品带来最佳营销机会和为公司创造最大经济效益的消费者群体。目标客户群的选择需要考虑企业、产品和消费群三方面因素，通过产品在市场中的销量和消费者的行为反应，检验公司产品是否符合客户的需求，只有产品符合消费者的需求，才能针对性地实施差别化经营，提高经营效率，降低经营成本。

目标客户群主要对消费者购买行为进行分析,消费者购买行为是指人们为满足需要和欲望而寻找、选择、购买、使用、评价及处置产品的过程活动,包括消费者的主观心理活动和客观物质活动两个方面。分析消费者行为具有重要的意义,具体表现在以下几方面。

(1) 它着眼于与消费者建立和发展长期的交换关系。消费者的消费体验、处置旧产品的方式和感受均会影响其下一轮购买,即对企业和消费者之间的长期交换关系产生直接影响。

(2) 它为规划产品线发展提供支持。根据消费者行为,我们可以判断产品线上各产品的市场吸引力,发现产品线提供需求的不足,填补产品线长度等。

(3) 它是制订销售策略的参考依据。了解消费者的购买数量、频率、渠道、动机和用途等,制订产品价格和宣传策略。

针对消费者购买行为的过程,我们建议可以从消费群、购买产品、购买量、购买频率、购买时间与地点、购买动机与用途、品牌转换情况与品牌忠诚度等角度去搜集资料并分析。见表5-3。本部分内容需要集思广益,特别是市场一线人员的参与,主要参与人员可以是产品经理、各区域的区域经理、商务经理、推广代表、店员和忠诚的消费者等人员一起讨论与确定。

表5-3　产品A消费群分析

产品A消费群	购买的产品	购买量	购买频率	购买渠道	购买动机	购买用途	品牌转换情况	消费群自身特征	备注

以××中成药公司的阿胶补血膏(300g)为例,从消费者年龄特征进行统计调查,详见表5-4。

表5-4 按年龄进行细分目标消费者及其消费行为

客户年龄	购买产品	购买渠道	期望产品效果	购买用途	客户特征
20~30岁年轻女性	阿胶补血膏(300g)	药店	补血、安胎、改善孕期睡眠质量、调经、产后增强体质、养颜	自用\送礼	此类客户多为孕产期,生活压力小,关注时尚
30~40岁女性	阿胶补血膏(300g)	药店	补血、调经、安胎、养颜	自用	此类客户生活压力大、体质逐渐降低
40~60岁女性	阿胶补血膏(300g)	药店\商超\专营店	严重贫血、孕产妇、术后及失血、经期不适及痛经病人治疗、养颜	送礼\送子女	此类客户使用产品用途较广,具有一定经济基础,看中产品性价比及产品疗效
25~35岁男性	阿胶补血膏(300g)	药店	补血、调经、孕期及产后调节	送家人	此类客户具有一定经济基础,关注产品品牌和功效

消费者年龄划分主要分为四个类别,即20~30岁的年轻女性、30~40岁的女性、40~60岁的女性以及25~35岁的男性,经过调查统计分析可以发现,不同性别和不同年龄阶段的消费者由于存在生理特征和需求的差异,对该产品的期望效果和购买用途是不一样的。年轻女性主要在药店购买,用来补血、安胎和改善睡眠等;30~40岁的女性,主要是用来补血、调经和养颜等自用;40~60岁的女性购买渠道比较广泛,主要是用来送礼;男性购买者主要是用来赠送给有补血、调经需求的女性消费者,比较关注品牌和功效。

5.2.4 销售区域/渠道分析

1. 产品销售区域分析

产品销售区域分析主要包括区域销售数据统计和销售区域定级两部分内容。首先，我们需明确产品的各销售区域，然后按表5-5统计各销售区域的销售数据，包括销售目标、实际销售、目标完成率、差额分析四项。该统计表适用于产品的月度、季度和年度数据统计，它可以直观地反应产品的销售区域及其销售状态。

表5-5 销售区域数据统计分析

销售区域	销售目标			实际销售				目标完成率		差额分析			
	销售量	销售额	单价	销售量	销售额	占总销量比例	平均售价	目标销售额	完成率/%	降价差额	所占比例	销量下降差额	所占比例
北京													
河北													
山东													
山西													
……													

使用说明：1. 在现阶段本表可先由销售统计分析员做出分析，然后分别通报各区域；

2. 在运行一个阶段具备条件后各大区文员可对所管辖的区域、对重点客户进行分析。

其中，部分指标的计算方式如下：

占总销量比例=销售量/总销售量×100%

$$PS = \frac{SV}{TSV} \times 100\%$$

目标完成率/%=大区实际销售额/大区目标销售额×100%

$$TCR = \frac{RAS}{RTS} \times 100\%$$

降价差额=(预测单价−实际平均售价)×实际销售量

SG(lp)=(PUP−AUP)×ASV

降价差额所占比例=降价差额/预测销售额×100%

$$UP(lp)=\frac{SG(lp)}{TS}\times 100\%$$

销量下降差额=(预测销售量−实际销售量)×预测单价

SG(sd)=(PSV−ASV)×PUP

销量下降所占比例=销量下降差额/预测销售额×100%

$$UP(sd)=\frac{SG(sd)}{TS}\times 100\%$$

表5-6是区域指标英文对照表。

表5-6　区域指标英文对照表

名　称	英文缩写	名　称	英文缩写
销售量 (sales volume)	SV	总销售量 (total sales volume)	TSV
占总销量比例 (the proportion of sales)	PS	目标完成率 (target completion rate)	TCR
大区实际销售额 (regional actual sales)	RAS	大区目标销售额 (regional target sales)	RTS
预测单价 (planned unit price)	PUP	实际平均售价 (actual unit price)	AUP
实际销售量 (actual sales volume)	ASV	预测销售量 (planned sales volume)	PSV
降价差额 (sales gap due to lower price)	SG(lp)	销量下降差额 (sales gap due to sales decline)	SG(sd)
降价差额所占比例 (unfinished proportion due to lower price)	UP(lp)	销量下降所占比例 (unfinished proportion due to sales decline)	UP(sd)

在明确销售区域和销售数据统计完备的基础上，我们可采用区域定级模型(见图5-4)对产品的各区域从市场吸引力和区域市场地位两方面进行统计分析，确定产品各销售区域的级别，作为区域规划的依据，具体计算方法可参

考3.2节相关内容。

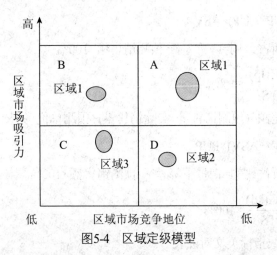

图5-4 区域定级模型

2. 产品销售渠道分析

主要产品的销售区域分析即明确产品目前的主要销售渠道,然后采用渠道定级模型(见图5-5)对每个主销产品的渠道市场吸引力和渠道市场地位进行分析,确定各销售渠道的级别。它可以帮助我们进行产品渠道规划,具体分析方法参照4.4节相关内容。

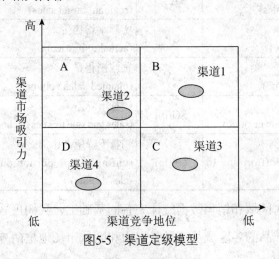

图5-5 渠道定级模型

5.3 产品竞争分析

主要产品的竞争分析是通过对竞争环境的调查，收集、整理竞争对手们的信息，明确公司各主要产品的竞争对手，利用客户需求$APPEALS模型分析产品的竞争力，对现有产品的不同区域和渠道进行竞争定位，最后输出该产品的SWOT分析，确定该产品的优势与劣势、机会与威胁。该步骤提供了后续规划活动所需要的基础信息。

5.3.1 产品的竞争力

1. 明确产品的竞争对手

结合公司产品线的竞争对手，进一步明确各个产品的竞争对手。表5-7中首先列出该产品线的各个产品，然后按竞争对手重要性级别由高至低，在表5-7中从左至右依次排开，为产品的竞争分析做准备。

表5-7 产品线A内部产品的主要竞争对手

产品线A内部产品	竞争对手1	竞争对手2	……
产品PA1			
产品PA2			
……			

2. 竞争对手的竞争力分析

为了更清楚地了解产品及其竞争对手在市场上竞争力的表现及大小，我们可以利用客户需求$APPEALS模型，基于客户角度从价格、性能、可获得性等方面计算各产品竞争力；对于客户需求$APPEALS模型，我们既可使用表2-20，也可使用简化版的表5-8。

表5-8　客户需求$APPEALS模型计算表

评价指标	权重	产品A	竞争对手1	竞争对手2	……
打分标准	优秀—5，良好—4，一般—3，差—2，不可接受—1				
可获得性	a1				
包装	a2				
价格	a3				
易用	a4				
性能	a5				
保证(服务)	a6				
社会接受程度	a7				
生命周期成本	a8				
加权分数	100%				
排序					

应用该模型时，首先确定$APPEALS的8项指标的权重，即$a_i(i=1，2，3，\cdots，8)$，并制订本公司的打分标准，参照打分标准对产品及竞争对手的评价指标进行评分，然后结合各评价指标的分数计算各产品的加权分数，最后按照分数大小进行排序，得出各产品竞争力的排名。同时，我们也可使用雷达图将本产品及竞争对手的各评价指标清楚的表现出来，观察各产品在各评价指标上的优劣势。

以××家电公司家用变频空调的节能1.5P这个产品为例，应用客户需求$APPEALS模型，比较该产品与其竞争对手的竞争力大小，并分析各产

品在客户需求的8个评价指标方面的优劣势。

首先,用权重确定方法针对空调行业对这8个评价标准赋予不同权重。产品的性能和生命周期成本是用户在选择空调前最看重的两项因素,因而被赋予了20%和25%的权重;产品满足客户对产品性能的基本需求,良好的销售服务和较高的社会认可度,也影响消费者的购物选择,因此它们均被赋予15%的权重;物美价廉一直是消费者的购物心理,因而价格被赋予了10%的权重。

其次,根据打分标准对各产品进行评分,并计算加权后的结果。表5-9显示本公司的节能1.5P竞争力最强,竞争对手1和竞争对手2次之,竞争对手3的竞争力最弱;同时,将各产品的评价指标强弱显示在雷达图5-6中。

在图5-6中,我们可以了解到各产品在性能、社会接受程度、生命周期成本方面表现较好,但该产品的包装和价格较弱;竞争对手1以其周到的客户服务受到了广大消费者的认可,但性能相对较差;竞争对手2的各评价指标都表现一般,没有特别出众的地方;竞争对手3的各竞争力评价指标都表现较差。

表5-9 客户需求$APPEALS模型计算表

评价指标	权重	节能1.5P	竞争对手1	竞争对手2	竞争对手3
打分标准	优秀—5,良好—4,一般—3,差—2,不可接受—1				
可获得性	5%	4	4	4	3
包装	5%	3	4	4	3
价格	10%	3	4	4	4
易用	5%	4	4	3	4
性能	20%	5	3	4	3
保证(服务)	15%	4	5	3	3
社会接受程度	15%	5	5	4	3
生命周期成本	25%	5	3	4	3
加权分数	100%	4.45	3.85	3.8	3.3
排序		1	2	3	4

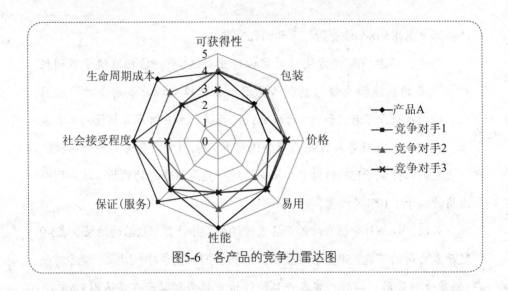

图5-6　各产品的竞争力雷达图

5.3.2　产品竞争定位

产品竞争定位包括产品与竞争对手的竞争定位、产品在不同区域、不同渠道的竞争定位三方面。通过对产品进行竞争定位，体现公司产品的竞争力大小。利用市场份额、品牌等评价因素对该产品及其竞争对手在不同区域、不同渠道进行定性或定量的竞争地位分析，评价标准可以根据不同的行业自行拟定，评价结果参考图5-7。

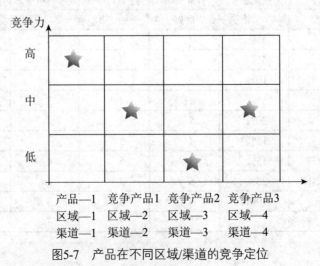

图5-7　产品在不同区域/渠道的竞争定位

图5-7中,竞争力分为高、中、低三个档次,横轴可以代表不同的产品、区域或渠道,五角星代表各项目竞争地位的高低程度。图中清晰明确地体现了不同产品以及相同产品在不同区域、不同渠道的竞争力。

案例展示

以××手机公司的产品A为例,对其进行竞争力的分析,其中包括产品和其竞争产品的竞争力、该产品在不同区域的竞争力以及该产品不同销售渠道的竞争力。

手机市场产品竞争力受市场份额、增长率、竞争激烈程度和品牌认可度这四个指标的影响。比较特殊的是在对产品和其竞争产品的竞争力进行比较时,因为产品A与其竞争产品处于同一市场,竞争激烈程度是一样的,因而在评价产品和其竞争产品的时候,可以只用市场份额、增长率和品牌认可度这三个维度来评价。

首先,通过数据收集和统计,我们列出了如表5-10所示的评分标准。根据该评分标准,分别对产品和其竞争产品的竞争力、该产品在不同区域的竞争力以及该产品不同销售渠道的竞争力情况进行打分。打分情况如表5-11、5-12和5-13。

表5-10 ××手机公司产品A市场竞争力的评分标准

维 度	1分	2分	3分	4分	5分
市场份额X/亿	X<10	10<X<20	20<X<30	30<X<40	X>40
增长率Y/%	Y<5	5<Y<10	10<Y<15	15<Y<20	Y>20
竞争激烈程度	非常激烈	激烈	一般	不激烈	非常不激烈
品牌认可度Z/%	N<20	20<N<30	30<N<40	40<N<50	N>50

产品战略规划

表5-11 产品A和其竞争产品的竞争力得分

维 度	产品A	竞争产品1	竞争产品2	竞争产品3
市场份额(50%)	3	4	3	3
增长率(20%)	3	2	4	2
品牌认可度(30%)	3	4	4	2
综合得分	3	3.6	3.5	2.5

表5-12 产品A不同区域的竞争力得分

维 度	北京	广州	上海	成都
市场份额(40%)	5	4	4	5
增长率(15%)	2	3	4	2
品牌认可度(25%)	5	4	3	5
竞争激烈程度(20%)	2	2	3	4
综合得分	4.45	3.45	3.55	4.85

表5-13 产品A不同销售渠道的竞争力得分

维 度	自建销售网络	家电连锁商场	手机连锁销售店	电子商城	大型超市
市场份额(40%)	4	2	4	3	1
增长率(15%)	3	2	3	4	2
品牌认可度(25%)	5	3	4	3	3
竞争激烈程度(20%)	5	2	3	2	3
综合得分	4.8	2.25	3.95	2.95	2.05

通过打分，我们将该产品在市场上的表现情况进行了量化处理，并划分了竞争力强弱的分数范围：当分数<2时，竞争力弱；当2≤分数<3.5时，竞争力中；当3.5≤分数<5时，竞争力强。将以上三个表格的得分结果通过图5-8、5-9、5-10表现，可以看出产品A在竞争对手中、各销售区域和渠道中的竞争力强弱。

产品A和其三个竞争产品的竞争力评价：产品A的竞争力表现一般，其竞争对手1由于具有较高的品牌认可度，因此在同类产品中获得了较高的市场份额，但是由于该行业其他产品的快速发展，抑制了其增长的速度，如图5-8所示。

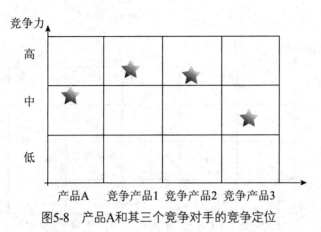

图5-8 产品A和其三个竞争对手的竞争定位

产品的主要销售区域为北京、广州、上海和成都。这四个区域中，成都的竞争力最强，这主要是由于该产品较早进入成都，并且销售团队的营销能力较强，因此获得了较高的品牌认可度和市场份额；北京次之，广州较弱，如图5-9所示。

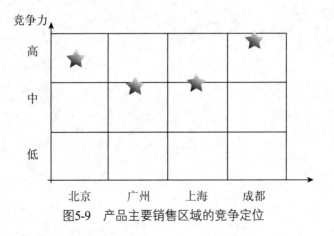

图5-9 产品主要销售区域的竞争定位

产品的主要销售渠道有自建销售网络、家电连锁商场、手机连锁销售店、电子商城和大型超市四个渠道。其中，自建营销网络的竞争力较强，这主要是因为公司配有经过统一培训的专业营销人员和售后维修人员；手机连锁销售店的竞争力次之，大型超市的竞争力最弱，如图5-10所示。

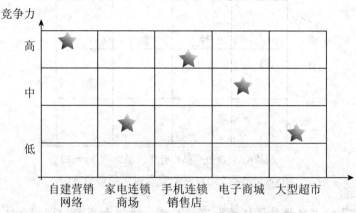

图5-10　产品主要销售渠道的竞争定位

5.4 产品发展规划

本章1~3节我们对产品市场环境、竞争和自身情况进行了分析,为了完成公司、产品线的战略规划,我们需要将规划落实到每一个核心产品,因此,本节我们将运用一套系统的方法、工具对单个产品进行战略规划,主要包括五部分内容:

(1) 产品定位

(2) 产品商业模式

(3) 产品路标规划

(4) 产品区域规划

(5) 产品渠道规划

单个产品的战略规划是与公司、产品线战略规划相辅相成的,公司和产品线的战略规划影响单个产品的规划,单个产品的规划要以公司和产品线的战略规划为依据,单个产品的战略规划为公司目标的实现提供了可能性。

5.4.1 产品定位

产品定位是产品规划中的重要内容之一,是在对市场环境、竞争对手、自身特点详细分析的基础上,参照公司及各产品线的发展战略与规划,规划每一个产品的属性和战略角色,从而在消费者心中建立独特的价值认知,最终完成企业的愿景和目标。

本节将从两个角度进行规划:一是产品属性定位,指企业用什么样的产品来满足目标消费者的需求;二是产品的战略角色定位,指产品在公司的销售过程中负担什么样的任务或角色。产品定位确定了本企业的产品特色和产品角色结构,并区别于竞争者;针对产品属性和产品角色,可以有机地进行市场营销组合和企业资源优化配置。

1. 产品属性定位

产品属性定位是针对消费者对该类产品某种属性的重视程度,塑造产品的鲜明个性或特色,树立产品在市场上的形象。产品定位区别于市场定位,市场定位是指企业对目标消费者或目标消费者市场的选择,而产品定位是指企业用什么样的产品来满足目标消费者或目标消费市场的需求。从理论上讲,应先进行市场定位,然后再进行产品定位。产品属性定位可以从产品的功效、质量、品牌、服务等方面进行考虑,详细属性见表5-14。

表5-14 产品属性详细信息

产品属性	说 明
功效	使用该产品会产生的功能和效果;一个产品可能具有多方面的功效。即使是主要功效,也可能不止一个,规划人员需要仔细考虑应突出产品的哪一方面的功效,才能在市场上占据最为有利的位置
质量	产品"反映实体满足明确和隐含需要的能力和特性的总和",通常体现在使用性能、安全、可用性、可靠性、耐用性等方面
品牌	消费者对产品及产品系列的认知程度;它是可以给拥有者带来溢价、产生增值的一种无形资产,他的载体是用以和其他竞争者的产品或劳务相区分的名称、术语、象征、记号或者设计及其组合,增值的源泉来自于消费者心智中形成的关于其载体的印象
服务	以实物产品为基础的行业,为支持实物产品的销售而向消费者提供的附加服务。目的是保证消费者所购产品效用的充分发挥。包括售前服务、售中服务和售后服务
价格	在现代社会的日常应用中,价格一般指进行交易时,买方所需要付出的代价,它是商品同货币交换比例的指数,或者说,价格是价值的货币表现

产品属性定位的过程,即突出产品自身优势,达到占据消费者心理空间的过程,通常必须使得产品(或服务)方、竞争方、消费者三方获得协调统一。我们在定位时应该利用市场环境分析、消费群体分析、产品自身分析的结果,选择本产品的竞争优势来确定产品的属性定位。我们在定位决策时通常要遵循如下原则。

(1) 利润最大化原则。在实际的定位实践过程中,有一些企业为了突出产品的"品质优良"定位而提高成本、降低利润,最终使企业在营销中陷入困境,这种做法是不足取的。对产品进行定位,就是要使企业能够在营销运作中获取更大的利润。因此,在选择产品的优势作为定位决策时,首先应考虑这种优势是否能给企业带来最大的利润,这就要求定位所选择的竞争优势必须符合企业整体营销体系的要求,和营销系统统一协调。

(2) 消费者认同原则。所谓消费者认同,就是要找出产品优势中能满足消费者实际需求以及心理需求的要点,并使其在消费者心中占据地位。艾·里斯和杰克·特劳特认为:定位过程是在消费者心理上得以完成的。因此,一个产品在进行定位时,如果只注重产品自身特质,而忽略这种特质对于消费者的意义,那么定位就起不到任何效果,甚至适得其反。

(3) 可行性原则。在定位决策过程中,有些定位概念看起来很合理,但到具体实施中,往往不便于操作,给广告及促销活动等带来很大困难。因而,对定位决策者来说,在进行具体定位时还要将定位实施的可行性加以充分考虑。包括产品定位推出所需的费用、方便性、可操作性等。虽然我们在确定定位时不需花费太大的费用,但任何定位只有通过广告、促销活动推向市场,消费者认可才能奏效。如大规模的广告促销活动是以企业的财力资源为基础的,如果企业没有承受能力,定位决策再好,也无济于事。

(4) 符合企业形象原则。企业形象是指一个企业长期以来在消费者心目中形成的固定的定位特征和总体印象。企业形象诸多要素,如作为一个企业应以什么样的特色、优势及形象出现在消费者面前等,都是通过定位决策阶段获得解决的,并且相对于产品定位而言,企业定位的实现需要更长的周期及更稳定的概念。所以,从这一角度来说,产品定位必须同企业的形象保持一致,并且充分考虑定位的持续性和延伸性。在产品成长过程中需要多次定位时,要充分考虑前一次定位与后一次定位的连续性、关联性以及多次定位概念在消费者心目中生成的该产品印象与总体企业形象塑造的统一性。

案例展示

豪华车市场是汽车市场里的一个细分市场,在如此细小的市场中拥有大量的著名品牌,下面我们以奔驰、宝马、奥迪、沃尔沃为代表,分析他们如何在竞争激烈的市场上对各自的产品属性进行定位。

奔驰的产品属性定位集中于品牌和服务两个方面。在诞生之初,奔驰就确立了"王者座驾"的品牌定位并一直延续至今,使得每一辆奔驰轿车都成为豪华、高贵、成功的化身。奔驰优质的服务体现在强大的售后服务网络、定期的维护保养和充足的零配件供应三个方面。正是基于品牌和服务的正确定位,奔驰成为经久不衰、极为受欢迎的汽车产品。

宝马的产品属性定位集中于品牌和功效两个方面。宝马公司起家于飞机发动机,为凸显它的天生优势,在功效方面将顶级的动力作为产品的主打优势。同时,为了与同是德国豪华车的奔驰区分开来,宝马选择了运动型的品牌定位,强调时尚、有活力的驾驶乐趣。

奥迪的产品属性定位集中于功效方面。先进的技术是奥迪确立高档车地位的关键因素。奥迪品牌在汽车技术领域一直占据着主导地位,比如在TDI、FSI和TFSI发动机概念上,在动力传动方面,在高效节能技术方面等。许多技术,比如已广泛应用于奥迪车型的TDI和ASF奥迪空间框架结构已经成为奥迪彰显科技领先形象的标志性符号。

沃尔沃的产品属性定位集中于质量方面,其产品的核心优势是安全。1959年沃尔沃成为第一个给汽车安装安全带的品牌,1972年首创汽车安全气囊,2001年又推出新一代的安全概念车,沃尔沃在核心产品上发挥了它的核心优势,在传播方面,沃尔沃也在不失时机地强调"安全"这一核心价值。沃尔沃就是这样以其安全的核心价值,演绎着它的"可信赖的、可靠的、安全有保障的"产品个性。

2. 产品的战略角色定位

在军队中有不同的兵种担负不同的作战任务,而在产品阵容中也需要有不同的产品行使不同的市场职能,相互配合,系统作战,充分迎合(或引导)消费者的购买心理和行为,并打击竞争对手。通过产品角色定位实现最有竞争力的价格体系优势和产品功能优势,为企业的发展保驾护航,达成目标。产品的战略角色通常有四类:形象型、主销型、辅销型、狙击型,详见表5-15。

表5-15 产品战略角色

战略角色	说 明
形象型	形象型产品一般属于公司的战略产品,承载公司的形象/品牌,高质、高价、高利润,销量约占总体10%,利润占20%;其职能是提升整个产品系列形象档次,引起消费者对整个系列产品的关注和好感。由于购买高价位产品的消费者对价格并不敏感,因此可以适当提高售价,获取高于平均水平的毛利。一般情况下,形象型产品的售价可以与竞争对手相应的产品价格持平或略高
主销型	主销型产品是公司正常运营的主体,一般是公司的聚焦产品,中质、中价、中利润,销量占总体50%,利润占50%;主销型产品一般处于市场主销价格区间内,拥有市场主流的性能配置。拥有与形象型相近的外观或相似的卖点,但性价比更高

(续表)

战略角色	说　明
辅销型	辅销型产品一般是公司的辅助产品,是公司未来发展的主力军,中质、中价、中高利润,销量占总体20%左右,利润占25%;处于市场主销价格区间内,比主销型的外形更为独特,或多一些附加功能,而成本没有明显增长,使毛利水平高于平均水平
狙击型	中质、中低价,限制销量,销量占总体10%,利润占0～5%;与竞争对手主销型的主要卖点(特点)或外观风格相同或相似。在价格上极力打压对手,形成同质低价之势,但在终端销售推广上极力贬低该产品,不建议消费者购买,动摇消费者对该类型产品的购买信心

产品的属性定位和产品的战略角色定位相辅相成,产品的属性决定产品的战略角色,产品的战略角色也影响产品属性的发展变化,企业需要平衡这两个定位之间的关系;但是产品的属性定位不能经常变化,产品在公司或者产品线内的战略角色定位却会根据不同区域、不同渠道、不同时期的不同情况而适时变化。

案例展示

在蒙牛纯牛奶产品系列中,包括特仑苏、利乐枕、利乐砖、百利包四种品类,不同的品类承担着不同的战略角色,各品类详细介绍见表5-16。

形象型—特仑苏：高质高价,利润很高,但因瞄准的仅是高端人群及送礼人群市场,所以市场份额有限。

主销型—利乐枕,即纸袋装：价格适中,比百利包的包装讲究,且保质期长达45天,深受中国家庭的欢迎,荣获"利乐枕无菌包装使用量全球第一"的称号。

辅销型—利乐砖：在利乐枕的基础上改变了形状,变为砖头形,因为包装的厚度和硬度的增加而延长了牛奶的保质期,也受到了很多消费者的欢迎，价格较利乐枕高。

狙击型—百利包，即常见的塑料袋装牛奶：主要是为了与竞争对手形成同包装的抗衡之势，但因包装质量差而存在一些缺点，价格较低。

表5-16 蒙牛纯牛奶各产品品类的战略角色

产品名称	产品品类	价格	产品描述	包装与保质期	战略角色
蒙牛纯牛奶(全脂非调制乳)	特仑苏	97元/箱(250ml×12盒)	精选12国高质牧草，优选良种乳牛，特仑苏的专属牧场，优质奶源。天然乳蛋白含量高达3.3g/100g。蛋白质和脂肪的比例更加合理，并荣获IDF新产品创新奖	纸盒包装，由纸、铝、塑组成的六层复合无菌包装，能够有效隔绝空气、光线和细菌，使牛奶可以在常温下长期保存，包装成本较高。保质期6个月	形象型
	利乐枕	42元/箱(240ml×16袋)	蒙牛纯牛奶纯正无添加。含3.1克乳蛋白。获得FSC森林认证	纸袋，多层复合无菌包装，保质期45天	主销型
	利乐砖	46元/箱(250ml×16盒)		纸盒包装，由纸、铝、塑组成的六层复合无菌包装，能够有效隔绝空气、光线和细菌，使牛奶可以在常温下长期保存，包装成本较高。保质期6个月	辅销型
	百利包	25元/箱(200ml×16袋)		塑料袋包装，用黑白复合膜制成，此低端包装可降低产品成本，但会出现涨包与串味现象。保质期30天	狙击型

5.4.2 产品区域规划

通过5.2.4节中销售区域定级模型的分析，可以判断产品的各个销售区域的级别，利用上述的分析结果，并结合各区域的发展规划(具体内容见第六章),可规划产品的销售区域,主要包括产品区域的"7、2、1"和产品目标的区域细化两部分内容。

1. 产品区域的"7、2、1"

利用5.2.4节的产品区域分析结果,我们依据下面的原则确定产品区域的三大类别。

(1) 聚焦区域:该产品目前的重要销售区域,它们是该产品现金流、利润、市场份额以及品牌的主要承担者。

(2) 突破区域:该产品在这类地区市场潜力大,有一定的客户基础,销售额迅速增长,通过加大资源投入、广告宣传能在未来1~2年推广成为"明星类"的产品区域。

(3) 布局区域:该产品在这类地区市场吸引力大,竞争不激烈,但目前产品在该区域处于引用期,客户基础薄弱,至少在1~2年内较难对该产品产生利润的产品区域,但未来发展空间巨大,对该产品今后发展具有重要影响,公司为长远发展而进行的尝试性布局的区域。

对这三类产品区域使用"7、2、1原则",建议的资源配置行为是:70%的资源投入产品聚焦区域;20%的资源投入产品突破区域;10%的资源投入产品布局区域。

2. 产品区域的目标规划

产品区域的目标规划是根据产品在产品线/公司的战略地位/定位,通过产品区域"7、2、1"明确某个产品销售区域的划分情况和公司分配给本产品的资源状况,结合该产品的总目标和各区域的总目标,规划每个销售区域所要承担的销售目标。可为每个区域制订今后3年的销售额预测和计划,产品当年各销售区域目标的总和等于该产品的战略目标,从而制订更有效的价格、广告、促销等策略,以实现销售目标。详细的区域目标规划参考表5-17所示。

表5-17 产品A目标的区域细化

时间	T+1			T+2			T+3		
	销售额	增长率	贡献率	销售额	增长率	贡献率	销售额	增长率	贡献率
区域$_{A1}$									
区域$_{A2}$									
区域$_{A3}$									
合计									

5.4.3 产品渠道规划

通过5.2.4节中销售渠道定级模型分析,可以判断产品各个销售渠道的级别,利用上述分析结果,结合公司产品的渠道发展规划,可规划产品的销售渠道,主要包括产品渠道的"7、2、1"和产品渠道目标规划两部分内容。

1. 产品渠道的"7、2、1"

利用5.2.4节的产品渠道分析结果,我们依据下面的原则确定产品渠道的三大类别。

(1) 聚焦渠道:该产品目前的重要销售渠道,它们是该产品现金流、利润、市场份额以及品牌的主要承担者。

(2) 突破渠道:该产品在这类渠道市场吸引力大、销售额迅速增长,有一定的客户基础,通过加大资源投入,能在未来1～2年推广成为"明星类"的产品渠道。

(3) 布局渠道:该产品在这类渠道市场吸引力大,竞争不激烈,但目前产品在该渠道处于引入期,客户基础薄弱,一般短期不会对该产品产生利润的产品渠道,但未来发展空间巨大,对该产品今后的发展具有重要影响,公司为长远发展而进行的尝试性布局渠道。

对这三类产品渠道使用"7、2、1原则",建议资源的配置行为是:70%的资源投入产品聚焦渠道;20%的资源投入产品突破渠道;10%的资源投入产品布局渠道。

2. 产品渠道目标规划

产品渠道目标规划是根据产品在产品线/公司的战略地位/定位,通过产品渠道的"7、2、1"明确某个产品销售渠道的划分情况和公司分配给本产品的资源状况,结合该产品的总目标和各渠道的总目标,规划每个销售渠道所要承担的销售目标。可为每个渠道制订今后3年的销售额预测和计划,产品当年各渠道区域目标的总和等于该产品的战略目标,从而制订更有效的价格、广告、促销等策略,以实现销售目标。详细的渠道目标规划可参考表5-18所示。

表5-18 产品A目标的渠道细化

时间	T+1			T+2			T+3		
	销售额	增长率	贡献率	销售额	增长率	贡献率	销售额	增长率	贡献率
渠道$_{A1}$									
渠道$_{A2}$									
渠道$_{A3}$									
合计									

通过分析产品在每个具体渠道的目标分解情况,结合重点销售渠道的目标规划和各区域的渠道的特点、发展趋势,可进一步对产品重点销售区域的渠道进行规划,规划表格可参照表5-19,要求每个区域的销售目标等于该区域各渠道销售目标的总和,对有竞争关系的产品要注意渠道区隔,其中区域A_i(i=1,2,3,…)代表产品A的不同销售区域,渠道A_{ij}(i=1,2,3,…,j=1,2,3,…)代表产品A不同销售区域的不同渠道,T+i(i=1,2,3,…)代表今后的第i年。

表5-19 产品A重点销售区域的渠道规划

区域	渠道	T+1	T+2	T+3
区域A_1	渠道A_{11}			
	渠道A_{11}			
	...			
区域A_2	渠道A_{21}			
	渠道A_{22}			
	...			
区域A_3	渠道A_{31}			
	渠道A_{32}			
	...			

5.5 新产品管理

随着企业发展和产品在市场受欢迎程度的提升,新产品开发力度必然逐渐加大。掌握新产品的管理方法,能帮助公司进行产品需求管理,合理制订产品路标规划,明确产品的商业模式,企业规范产品开发流程从而实现企业经济效益最大化。

5.5.1 产品需求管理

产品需求管理主要是新产品开发的初期,分析新产品的市场及客户需求。主要包括五个阶段:产品需求整合阶段、新产品开发客户群确定阶段、新产品功能需求确定阶段、产品策略确定阶段和产品路标规划和任务书形成阶段。具体活动如图5-11所示。

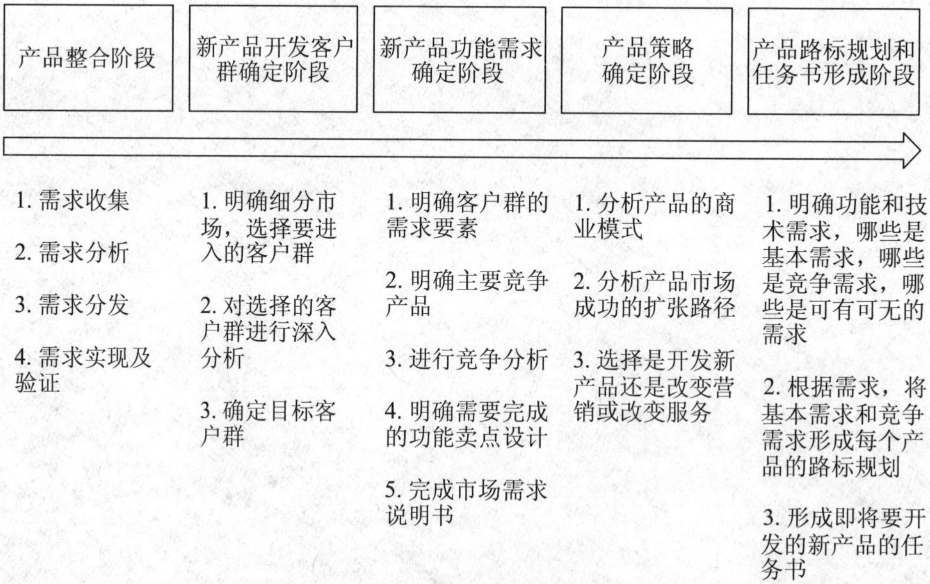

产品整合阶段	新产品开发客户群确定阶段	新产品功能需求确定阶段	产品策略确定阶段	产品路标规划和任务书形成阶段
1. 需求收集 2. 需求分析 3. 需求分发 4. 需求实现及验证	1. 明确细分市场,选择要进入的客户群 2. 对选择的客户群进行深入分析 3. 确定目标客户群	1. 明确客户群的需求要素 2. 明确主要竞争产品 3. 进行竞争分析 4. 明确需要完成的功能卖点设计 5. 完成市场需求说明书	1. 分析产品的商业模式 2. 分析产品市场成功的扩张路径 3. 选择是开发新产品还是改变营销或改变服务	1. 明确功能和技术需求,哪些是基本需求,哪些是竞争需求,哪些是可有可无的需求 2. 根据需求,将基本需求和竞争需求形成每个产品的路标规划 3. 形成即将要开发的新产品的任务书

图5-11 产品需求管理具体活动

1. 需求管理阶段

(1) 需求收集；

(2) 需求分析；

(3) 需求分发；

(4) 需求实现及验证。

2. 新产品开发客户群确定阶段

(1) 明确细分市场，选择要进入的客户群市场；

(2) 对选择的客户群进行市场吸引力判断；

(3) 对选择的客户群进行竞争分析判断；

(4) 确定要进入的客户群财务评估要素。

3. 新产品功能需求确定阶段

(1) 用$APPEALS模型明确客户群的竞争要素；

(2) 明确主要竞争产品；

(3) 进行竞争分析；

(4) 明确需要完成的功能卖点设计；

(5) 完成市场需求说明书。

4. 产品策略确定阶段

(1) 分析产品的商业模式；

(2) 分析产品市场成功的扩张路径；

(3) 选择是开发新产品还是改变营销或改变服务等策略。

5. 新产品路标规划及开发任务书的确定

(1) 明确功能和技术需求哪些是基本需求，哪些是竞争需求，哪些是可有可无的需求；

(2) 根据需求，将基本需求和竞争需求形成每个产品的路标规划；

(3) 形成即将要开发的新产品的任务书。

需求管理的五个阶段中，需求分析是一个例行的流程，时时刻刻都在进行，产品策略一般与公司的产品战略同步进行，路标规划与任务书形成则是定期进行，具体周期视行业而定，通信行业一般为3～6个月，快速电子消费品行业一般为3个月，生物制药行业一般为一年。

5.5.2　产品路标规划

当某个产品功能需求和技术需求确定后，根据外部市场、竞争对手、内部资源以及机会的判断，结合产品线的发展规划和产品线内各产品的互补关系，确定哪些是该产品的基本需求，哪些是更满意的竞争需求，哪些在本产品开发时间内可有可无，但在未来更具有吸引力的需求。

我们将基本需求和竞争需求合并成马上要开发的产品版本，下发任务书，每隔一段时间将可有可无的需求纳入竞争需求，形成下一个版本，这样就形成了产品路标规划，见图5-12。产品版本是针对某一细分客户群的产品，也是最终交付给用户的产品，即市场和产品人员理解的产品；它包含若干特性或功能，什么特性和功能纳入一个版本，需要综合四个因素：客户及竞争需要、功能与技术需要、时间和成本。

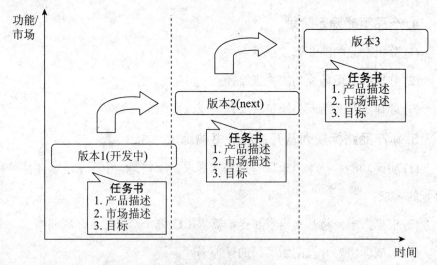

图5-12　产品路标规划

任务书是将产品路标规划中的新规格/版本所面对的产品新内容、目标客户群和竞争对手进行具体化，包括产品描述、市场描述和目标三部分，见表5-20。产品路标规划的新版本/规格必须明确目标客户群及其特征，特别要符合目标客户群的需求变化趋势。当任务书下发以后就可以按照新产品开发流程进行产品开发。

表5-20 产品路标规划具体化(任务书)

项目	细分内容	具体描述
产品描述	产品名称	
	功能	
	主要技术	
	销售方式	
	战略角色	
	上市时间	
市场描述	目标客户群&客户特征	
	主要竞争对手&优势&劣势	
	本公司市场份额/市场容量	
	市场历史&优势&劣势	
目标	战略目标	
	财务目标 (产品价格、年销售额、年收益率)	

产品拥有优秀的路标规划并能遵照执行，就会不断、快速地按细分市场一个一个地推出产品，满足市场需求，从而保持持续领先。在产品的路标规划过程中，我们需要考虑如下几点要素。

1. 产品延续性

该产品的下一个版本都是建立在当前版本的基础之上，在技术、价格等方面存在相似性。

2. 产品目标客户群的一致性

由于产品的延续性，故产品路标中的客户需求基本一致，即客户群基本

产品战略规划

一致,因此需制订相应营销策略提高老客户的忠诚度。

3. 产品路标规划的新规格互补性

产品的新规格尽量与本产品线内的其他产品形成互补关系,不要与公司的其他产品形成竞争关系;如果形成竞争关系,需要设计好区隔方式(区域区隔、价格区隔、渠道区隔和组合区隔四种方式)或组合方法。

案例展示

以某医药公司中成药产品线中的××补血颗粒产品为例,在2005年的时候为它规划了2006—2008年的产品路标,即2006年上市××补血颗粒简装产品,2007年上市××补血颗粒瓶装产品,2008年上市××补血颗粒浓缩装产品,见图5-13。

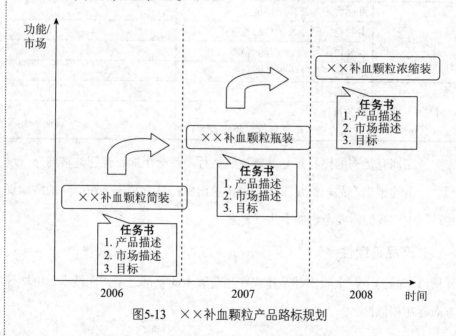

图5-13 ××补血颗粒产品路标规划

表5-20,我们看到××补血颗粒浓缩装的任务书,它对产品的基本

情况和市场进行了详细描述，即该产品是在补血颗粒瓶装的基础上，保持其功效不变，采用高浓缩技术，针对中等收入以上的25岁以上女性，作为××补血产品的辅助产品拓展市场，增大市场份额。补血颗粒产品的市场容量是5亿元，我们具有2个竞争力较强的竞争对手，在表5-21中可以看到竞争对手的优势和劣势，并且分析了本产品的优势和劣势。最后，我们结合产品线目标和产品的自身情况规划了该产品2008年1亿元的产品战略目标，占据20%的补血颗粒市场份额。

表5-21 ××补血颗粒浓缩装任务书

项目	细分内容	具体描述
产品描述	产品名称	阿胶补血颗粒浓缩装
	功能	补血、益气、养颜
	主要技术	采用干法造粒，高浓缩技术，不含糖
	销售方式	分销
	战略角色	辅销型
	上市时间	2007年5月
市场描述	目标客户群	中等收入以上的25岁以上的女性，如城市白领、产后补血等
	客户特征	重视产品的功效、品牌和安全性，对价格不是很敏感；客户数量较多
	主要竞争对手优势&劣势	竞争对手1 优势：广告力度大，在湖南等区域品牌知名度高，目前有部分忠诚消费者 劣势：毛利率较低，产品工艺落后，零售价格偏高且价格混乱 竞争对手2 优势：零售价格比竞争对手1便宜 劣势：品牌知名度不高，毛利率较低，产品工艺落后
	本产品市场容量	5亿元

(续表)

项目	细分内容	具体描述
市场描述	市场历史 优势&劣势	优势：××品牌，渠道及终端毛利高，包装档次高，产品质量可靠，无糖无辅料，高浓缩携带方便，价格稳定(需要办事处各级人员具备较强的渠道管理能力) 劣势：在××等重点区域竞争对手1的补血颗粒产品品牌知名度高于本产品品牌，产品可获得性或铺货率比本产品高，渠道奖励政策(5%)优于本产品
目标	战略目标	2008年市场份额占20%
	年销售额	1亿
	年收益率	20%

5.5.3 产品商业模式

产品的商业模式区别于企业商业模式，它是企业商业模式的重要组成部分，是一种包含了一系列要素及其关系的概念性工具，用以阐明某个特定产品的商业逻辑，是对产品的特性、生产、营销进行方案规划。本部分我们掌握产品商业模式的定义、原则和设计方法，并进行了案例展示。

1. 产品商业模式概述

产品的商业模式是为了实现价值最大化，把产品运营的各要素整合起来，形成一个完整的、高效率的、具有独特核心竞争力的运行系统，并通过最优实现形式满足客户需求、实现客户价值，同时使产品达成持续盈利目标的整体解决方案。一个成功的产品商业模式不一定是在技术上的突破，而是对某一个环节的改造，或是对原有模式的重组创新。产品的商业模式核心是指产品的内涵、特性，它体现在客户价值最大化、持续盈利原则和资源整合三个主要方面。

(1) 客户价值最大化

一个不能满足客户价值的产品商业模式，即使盈利也一定是暂时的、偶然的，是不具有持续性的。反之，一个能使客户价值最大的产品商业模式，即使暂时不盈利，但终究也会走向盈利。所以我们把对客户价值的实现再实现、满足再满足当作企业应该始终追求的目标。

(2) 持续盈利原则

产品能否持续盈利是我们判断其商业模式是否成功的唯一标准。因此，在设计产品商业模式时，盈利和如何盈利也就自然成为重要的原则。持续盈利是指既要"盈利"，又要有发展后劲，具有可持续性，而不是一时的偶然盈利。

(3) 资源整合原则

整合就是要优化资源配置，就是要有进有退、有取有舍，就是要获得整体的最优。资源整合是优化配置的决策，是根据产品的发展战略和市场需求对有关的资源进行重新配置，以凸显企业的核心竞争力，并寻求资源配置与客户需求的最佳结合点，提高客户服务水平。

2. 产品商业模式设计模型

产品商业模式可以从产品细分、产品配置、目标客户群、产品属性定位、产品战略角色、价格规划和经营策略七个部分进行设计，见图5-14。产品细分通常包括高档型、增强型、常规型和简配型四种类型，其他部分主要是根据产品细分进行不同的定位和规划。

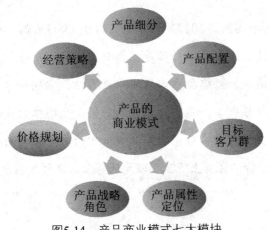

图5-14　产品商业模式七大模块

产品战略规划

产品配置是按照产品细分的类型，采用不同的产品组件、材料进行组合，并满足不同目标客户群的需求；目标客户群是指该产品类型的主要消费者，建立在该类型产品消费者的需求和不同消费行为分析的基础上；产品属性定位和战略角色定位可以参考5.4.1节的内容，产品属性定位从产品的功效、质量、品牌、服务等方面进行考虑，塑造产品的鲜明个性或特色，树立产品在市场上的形象；产品的战略角色通常有四类，即形象型、主销型、辅销型和狙击型；价格规划可以参考产品细分类别和其战略角色进行设计；经营策略这里主要指产品的批量大小。产品商业模式的设计模型可以参考表5-22。

表5-22　产品商业模式设计

产品名称	产品细分	产品配置/成分	目标客户群	产品属性定位	产品战略角色	价格规划		经营策略
						销售价格	利润率	
……	简配型	低	中低	价格	狙击型	低价中质	低	限制销量
	常规型	中	大众	功效	主销型	中价中质	中	大批量
	增强型	中	中高	质量	辅销型	中价中质	中	中批量
	高档型	高	高	品牌	形象型	高价高质	高	小批量

以大众汽车集团的2013款帕萨特1.8TSI DSG为例，该产品价格在21~27万元之间，产品属性定位是"经典、传承、商务"，主要是聚焦具有一定社会地位、性格稳重内敛的中年男性，它包含尊荣版、御尊版和至尊版三个细分版本，其中御尊版承担的是主销型的战略角色，尊荣版承担的是狙击型的战略角色，至尊版承担的是形象型的战略角色，针对配置的不同，价格会有上下2~3万元的浮动，其详细信息见表5-23。

表5-23 2013款帕萨特1.8TSI DSG商业模式

产品名称	产品细分	产品配置	目标客户群	产品属性定位	产品战略角色	销售价格/万	经营策略
2013款帕萨特1.8TSI DSG	尊荣版	轮胎规格：215/60 R16 轮毂尺寸：16 副驾驶座椅手动调节 选配：倒车视频影像、GPS导航系统 配有单碟CD	1. 35～45岁为主，拥有一定社会地位 2. 聚焦男性，老派绅士，个性稳重内敛 3. 较高教育、修养、品味，重视传统 4. 商务私家车群体	经典、传承、商务	狙击型	21.88	小批量
	御尊版	轮胎规格：215/55 R17 轮毂尺寸：17 副驾驶座椅自动调节 选配：GPS导航系统、后排液晶屏、单碟CD、自动泊车入位 配有氙气大灯、日间行车灯、大灯清洗装置、转向辅助照明、外后视镜自动防眩目、外后视镜电动折叠、多功能方向盘、倒车视频影像、后风挡遮阳帘、前排座椅电动调节、DVD系统、多碟CD			主销型	23.98	大批量
	至尊版	轮胎规格：215/55 R17 轮毂尺寸：17 副驾驶座椅自动调节 选配：后排液晶屏 配有氙气大灯、日间行车灯、大灯清洗装置、转向辅助照明、外后视镜自动防眩目、外后视镜电动折叠、多功能方向盘、倒车视频影像、后风挡遮阳帘、前排座椅电动调节、DVD系统、驾驶座椅记忆功能、副驾驶座椅记忆功能、后排座椅加热、GPS导航系统、自动泊车入位			形象型	26.98	小批量

5.5.4 产品开发流程

产品开发流程是指企业用于想象、设计和商业化一种产品的步骤或活动的序列。我们可将产品开发流程视为一个信息处理系统。整个开发过程开始于各种输入，如产品开发任务书、市场需求、业务战略、产品族路标、产品路标等。通过对上述输入信息进行处理，形成产品概念，由此进入流程的第一个阶段。当所有流程所必需的信息都逐一产生并被传达，产品开发流程即告结束。

图5-15是一个完整的产品开发流程，该流程包括六个部分。

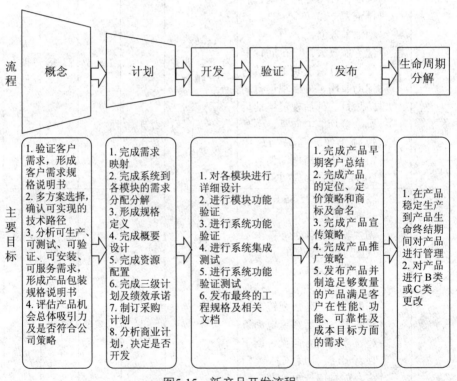

图5-15 新产品开发流程

阶段1：概念

在此阶段，最重要的活动是市场验证、需求调研，先设计产品的卖点，寻找一个产品作为标杆，根据卖点改造标杆产品，通过业务计划书证明改造后的产品能在市场上获得成功。

阶段2：计划

该阶段不仅包括方案设计，还包括各级计划的制订，如各阶段各模块需要的资源和时间、完成三级计划的设计，以及各层次人员的绩效管理。

阶段3：开发

此阶段主要对各模块进行详细的设计。评审市场及客户需求，评审产品和财务假设，设计和集成满足产品规格的产品，形成最终的产品规格。

阶段4：验证

此阶段主要进行模块功能和系统功能的验证，进行系统集成和系统功能验证的测试，发布最终的工程规格及相关文档。

阶段5：发布

发布阶段的工作主要由市场经理进行营销开发，进一步明确商务和价格策略，完善产品的销售工具包，对销售进行统一的培训和考试，最后对产品的大量销售需求进行统一评审，以营造大量销售的环境。

阶段6：生命周期管理

产品经历发布阶段后，往往需要不断优化，因此企业需成立产品生命周期管理团队，专门负责产品的维护与改进。这样可以减少开发人员对于产品后续管理的责任，使其更好地集中精力开发新产品，保证新产品开发的进度和质量。

以新利软件集团的新项目业务流程图为例，更直观地了解一个新软件开发的步骤。见图5-16。

产品战略规划

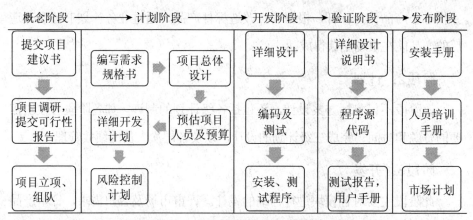

图5-16 新利新项目业务流程图

| 第6章 |

区域产品战略规划

产品战略规划

本章内容结构图

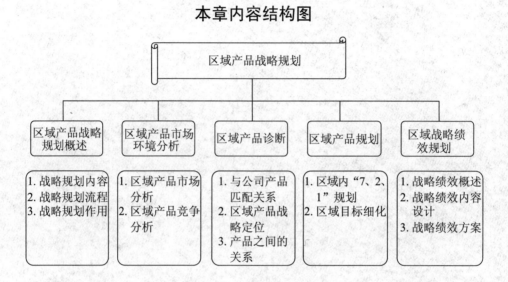

6.1 ▸ 区域产品战略规划概述

对于企业来说，与其在整体市场上与竞争强手短兵相接，不如在区域市场上创造优势；与其在广大市场范围上占有极小的市场份额，不如在某几个区域市场内提高市场占有量——对大企业如此，对中小企业尤为如此。那么企业如何在有限的空间内创造局部优势，赢得较大市场份额，从而有效抵御竞争攻势，保存并壮大自己呢？这就要依靠区域产品战略规划的帮助，它是企业在竞争中取得胜利的一把利器。

各区域的产品战略规划和公司级的产品战略规划流程、步骤和方法基本一致，但是区域营销产品与企业营销产品具有以下几个不同之处。

(1) 由于不同区域的气候、地理位置、消费者生活习惯，甚至设施存在较大差异，公司产品在不同区域的引入期、成长期等表现存在较大差异，所以公司的区域产品战略规划内容、营销策略也存在较大差异。

(2) 企业在市场上营销的产品可以通过仓储、运输等运到企业外的市场上(包括国内市场和国外市场)进行销售，即使是服务也可通过开办连锁或分支机构来实现异地提供，而其他区域的消费者也可以在当地消费外地企业提供的有形商品或无形服务。但是区域营销的产品则只能把消费者请过来就地消费，而不能异地提供。

(3) 在企业市场营销中，不同企业可以为市场提供完全相同的产品，但在区域市场营销中，产品具有天然的差异性。由于受自然资源禀赋、人力资源、历史渊源以及经济发展状况等方面的限制，同一区域内不同具体"产品"以及不同区域内同一具体"产品"的品质以及未来发展前景存在着不同程度的差异，任何一个区域都无法提供同其他区域完全相同的营销产品。

6.1.1 区域产品战略规划内容

公司在不同区域会有不同的产品分配，一个区域会包含公司的若干个产品，对各区域的产品，规划人员需要进行具体分析，在拟订区域市场产品组合时，切忌一下将所有产品全部投放到目标区域市场上去，这是因为：

(1) 公司现有产品未必都能适应当地消费者的要求，不合适的产品投放会影响到消费者对本品牌的认识和信心；

(2) 过多的产品投放可能会造成营销资源的浪费，如货架空间的浪费、广告资源的浪费、人力资源的浪费等。

结合公司产品的整体规划和各产品的详细规划，区域产品规划的主要内容包括以下几方面：

(1) 分析本区域市场环境，明确本区域的目标客户群、市场吸引力和竞争对手优劣势；

(2) 分析本区域产品与公司产品之间的关系、区域整体产品结构和生命周期；

(3) 规划区域内产品/子区域/渠道的7、2、1，并结合分析结果进行目标细分；

(4) 规划本区域的产品绩效。

6.1.2 区域产品战略规划流程

区域产品战略规划流程是产品战略规划的核心流程之一，它运用严格、规范的方法对区域市场客户的需求特性、竞争环境及对手、产品的结构进行分析，从而明确区域的销售目标和产品分类，并制订区域的战略绩效，保证销售目标的实现。规划人员可以参考以下步骤对区域产品进行战略规划，见图6-1。

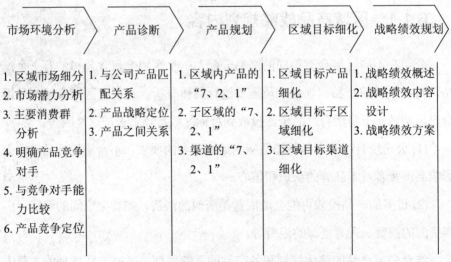

图6-1 区域产品战略规划步骤图

第一步：产品区域市场环境分析。通过调研，了解区域产品的消费市场并进行市场细分；计算产品各消费市场的潜力大小，分析区域目标客户群的需求和消费行为；明确产品的区域竞争对手，与竞争对手进行能力比较，并对区域产品进行竞争定位。

第二步：产品诊断。分析区域产品与公司产品之间的匹配，对所有产品进行战略定位并分析区域产品之间的关系。

第三步：产品规划。利用"7、2、1"原则对区域产品、子区域和渠道进行规划，将各项目分为"聚焦"、"突破"和"布局"三种类别。

第四步：区域目标细化。将区域战略目标细分到该区域的各个产品、子区域和渠道。

第五步：战略绩效规划。为保证区域目标的顺利完成，以财务指标、新业务比例、核心竞争力和区域管理水平等指标对区域进行绩效管理。

6.1.3 区域产品战略规划作用

区域产品战略规划是公司产品战略规划的重要内容之一，对公司产品战略规划具有重要作用，具体表现在以下几方面。

(1) 企业可以更好地满足区域市场的需求。中国幅员辽阔，各区域在文化、气候、消费习惯、经济水平等方面均有所差异，区域化的产品战略将比全国性乃至全球性的产品策略更贴近区域市场，符合区域消费者的需求。

(2) 能有效打击竞争对手。如果因实力悬殊而无法与竞争对手在全国乃至更大的范围内抗衡，那么在区域市场针对竞争对手的薄弱环节制订相应的产品策略，也许可以更有效地打击竞争对手，开拓市场。

(3) 可以提高区域运营效率。把资源和精力集中在有发展前途的区域市场上，所遭遇的营销阻力会减小，营销效率会增加，同时节约营销成本，提高利润。

产品战略规划

6.2 区域产品市场环境分析

区域产品市场环境分析是针对公司产品的某一个销售区域，通过对其市场环境的全面调研，运用规范的方法从该区域产品的市场环境和竞争状况两方面进行分析，为区域产品规划提供所需要的基础数据。

6.2.1 区域产品市场分析

作为市场主体的企业，要想在强手如林的市场上稳健发展，必须建立明确而稳定的区域市场。区域市场是现代营销学细分市场的一个概念，企业在自身实力、知名度有限的情况下，要处理好市场局部和整体的关系，就要详细分析各区域市场，量力而行地制订区域销售目标、审时度势地规划区域市场推广方案。

区域产品市场具有自己独特的性质：

第一，地理性，各地区地理位置的不同，导致文化、政治、语言、风俗、宗教的差异化，因而消费市场也各有特点，为此企业必须正视各地区的差异性，因地制宜地制订符合区域化特点的经营战略和行销推广策略。

第二，相对性，相对于全球而言，亚洲就是区域市场；相对于中国而言，山东是区域市场；相对于城市而言，农村又是区域市场；对不同的企业而言，区域是相对的。

第三，可变性，对同一企业而言，它拥有多种产品，各产品在不同区域市场的潜力不同，因而目标市场定位不同，它又是可变的。

针对区域的三个特性，我们将从区域的细分市场、市场吸引力和主要消费群三个方面分析区域产品市场。

1. 区域市场细分

区域市场细分是指在某个区域，依据不同群体之间对产品的不同需求将区域市场划分为不同的群体。可参考第2章中市场细分的四个依据(地理因素、人口统计因素、心理因素和行为因素)和划分方法进行市场细分。

通过对区域消费群进行市场细分，明确本区域各销售产品的目标客户群，输出区域产品的市场细分图，作为区域产品规划和销售的参考依据。

2. 市场吸引力分析

市场吸引力分析包括两部分：第一，细分市场的潜力分析，目的是为了选择具有较大潜力的细分市场作为产品的目标消费群；第二，区域销售产品的市场吸引力分析，目的是选择在该区域具有较大市场吸引力的产品。

市场吸引力分析主要从市场容量、市场增长率和竞争程度等评价指标进行分析，根据不同行业、不同时期等条件的影响，赋予评价指标不同权重；具体的计算方法可参照5.2节内容；最后输出该区域细分市场的潜力定位图和产品的市场吸引力定位图。

3. 主要消费群分析

区域细分市场，即区域的消费群，他们是使用产品、消耗产品、为公司创造利益的人，为了吸引更多消费者，公司需要了解目标客户群的特征、购买行为等信息，这些信息是我们在该区域推广产品、制订价格与宣传方式的基础，使我们对产品的定位、营销方式更具有针对性。

6.2.2 区域产品竞争分析

区域产品竞争分析是通过收集本区域产品信息和竞争对手信息,主要包括确认区域产品的竞争对手、竞争能力分析、区域产品竞争定位三个方面,输出本区域产品的SPAN分析图,确认各产品和主要竞争对手的优劣势。

1. 确定区域竞争对手

根据产品市场信息收集和目标客户群识别,明确该区域产品的竞争对手,分清楚哪些是竞争对手,哪些实际上不是竞争对手。

区域产品的竞争对手,可以从两个层次进行分析:一个是该区域办事处所有产品的竞争对手;另一个是区域办事处各产品的竞争对手。对竞争对手按照重要性进行排序,清楚竞争对手的范围,可参考表6-1和表6-2进行统计。

表6-1 A区域的主要竞争对手

竞争对手的重要性	竞争对手	竞争范围
1		
2		
……		

表6-2 A区域产品的主要竞争对手

A区域产品	竞争对手1	竞争对手2	……
产品PA_1			
产品PA_2			
……			

2. 竞争能力分析

分析区域产品各竞争对手的能力,可以从各竞争对手的竞争优势、竞争劣势、各自的竞争策略和品牌认可度等评价指标进行分析,参考表6-3,从中我们可以获取区域产品的最直接竞争对手的优劣势和营销策略的相关信息,从而制订针对性的竞争策略。

表6-3 与竞争对手能力比较

参考指标	竞争优势	竞争劣势	品牌认可度	竞争策略
区域A				
竞争对手1				
竞争对手2				
……				

注：表格中，竞争策略一栏，填写的是自己的产品、每个竞争对手的产品现在或近来所采取的竞争策略。

3. 产品竞争定位

区域产品的竞争定位是对本区域产品市场份额、品牌等评价因素进行定性分析，评价结果分为高、中、低三个层次，将结果显示在以产品种类为横轴，竞争力大小为纵轴的二维图中。根据区域各产品的竞争力表现，一方面可以掌握各产品在市场竞争中的实力，另一方面可为产品进行SPAN提供输入，进而分析区域的产品结构，制订适合本区域产品发展的竞争策略和营销策略。

6.3 区域产品诊断

区域产品诊断是企业对进入本区域的产品进行资料收集后,分析本区域产品的发展、结构,作出现状判断。因此,本节内容主要包括三个方面:区域产品与公司产品之间的匹配关系,区域产品的SPAN(战略定位分析)和区域产品之间的关系。

6.3.1 区域产品与公司产品匹配关系

区域产品与公司产品之间的匹配关系包含两部分内容:第一,在公司产品地图中,查找区域产品在公司产品地图上的分布状况,掌握本区域销售产品分布在哪些产品线上,已分布的产品线里销售了哪些产品;第二,分析该区域的主销产品是否和公司的主销产品相符,如果不相符,找出原因并分析是否合理,如果合理,则公司提供相应的资源。

分析该区域的主销产品是否和公司的主销产品相符,首先利用组合决策标准(portfolio decision criteria, PDC)对区域产品进行评估,即从各产品的市场吸引力、竞争地位和财务三方面进行综合考虑,然后参照表2-24根据本公司的评分标准对本公司的产品进行打分排序,公司产品是根据分数高低由左至

第6章 区域产品战略规划

右的排列，区域产品是根据分数由高至低的排列，最后，在表6-4中将横列与纵列相同的产品用"O"表示，我们可以观察区域的不同产品与公司产品的匹配程度。

表6-4 区域产品与公司产品匹配关系

公司产品 区域产品	聚焦产品	突破产品	布局产品
聚焦产品	O		
		O	
突破产品		O	
布局产品	……		

如果公司的"聚焦产品"和区域"聚焦产品"吻合，则匹配度较高；如果公司"聚焦产品"是区域的"突破产品"，则匹配度中等；如果公司"布局产品"是区域"聚焦产品"，则匹配度较低。

通过分析区域产品与公司产品之间的匹配关系，第一，可以清晰了解公司在该区域销售产品的种类；第二，可以掌握区域产品的主销情况是否和公司吻合；第三，可以比较不同区域销售产品的区别，发现产品销售过程中的地理差异，为区域产品的引入提供信息支持。

案例展示

以××饮料公司西安办事处为例，图6-2是该公司的产品地图，该公司包含四条产品线：茶饮料、碳酸饮料、含乳饮料和果汁饮料。

图6-2中显示了陕西地区销售的产品在公司产品地图上的分布，四条产品线的产品均有涉猎，有绿茶、红茶、茉莉花茶等茶饮料；原味和香草味等碳酸饮料；雪梨汁、水蜜桃汁、葡萄汁等果汁饮料和中性乳饮料。

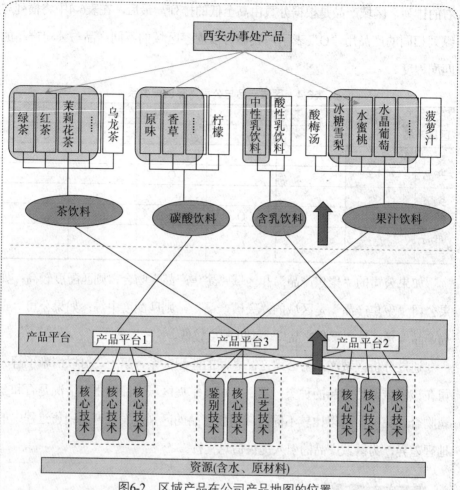

图6-2 区域产品在公司产品地图的位置

将公司的产品和西安办事处的产品按重要性依次列在表6-5中，可以看到公司的"聚焦产品"是陕西区域的"突破产品"，所以公司产品与区域产品匹配度中等。公司的"聚焦产品"是原味碳酸饮料和香草味碳酸饮料，但陕西区域的"聚焦产品"是红茶和绿茶，说明该区域的产品规划与公司的聚焦规划不吻合，我们需要分析该区域规划的原因，否则，该区域不能很好的分享公司资源与投入，并对公司的规划发展产生阻碍作用。

表6-5　西安办事处主销产品与公司主销产品的匹配情况

区域产品	公司产品	聚焦产品		突破产品				布局产品			...
		原味碳酸饮料	香草味碳酸饮料	水晶葡萄	雪梨汁	绿茶	红茶	水蜜桃	茉莉花茶	柠檬味碳酸饮料	
聚焦产品	红茶						O				
	绿茶					O					
突破产品	原味碳酸饮料	O									
	香草味碳酸饮料		O								
布局产品	茉莉花茶								O		
	水晶葡萄			O							
	水蜜桃							O			
	……										

6.3.2　区域产品战略定位

公司各销售区域的产品结构会受区域地理位置、经济和文化的影响，利用战略地位分析(SPAN)对区域的各个产品进行定位，掌握该区域所有产品在SPAN图上的分布，分析形成此结构的原因，从而合理地规划本区域产品的发展，提高市场占有量和销售利润。

区域产品的SPAN是从产品所处区域的市场吸引力和竞争地位两个维度进行评估，并将计算结果绘制在SPAN图中。SPAN图的不同表现形式具有不同的含义，我们在表6-6中列举了典型的结构分布，即"绩优股"、"蓝筹股"、"潜力股"、"ST股"。

表6-6 区域产品SPAN图

结构级别	数量表现形式	说明
绩优股		产品主要分布在第一、第二、第四象限,其中,第一象限是该区域收入的主要支撑;第三象限是该区域的新产品。这种表现形式的区域具有优秀的产品结构、良好的产品梯队
蓝筹股		产品主要落在第四象限,它是该区域收入的主要来源;第一、第二象限也有部分产品,收入贡献较少;第三现象产品数量极少且贡献率很低。该表现形式的区域在市场上具有较高的竞争地位
潜力股		产品主要落在第二象限,它是该区域收入的主要来源;第一、第四象限也有部分产品,对该区域收入贡献了部分力量;第三象限产品数量极少且贡献率很低。该表现形式的区域在市场上具有较高的市场吸引力
ST股		产品主要落在第四象限,它是该区域收入的主要来源;第二、第四象限也有部分产品,对该区域收入贡献了部分力量;第一象限产品数量极少且贡献率很低。该表现形式的区域结构抗风险能力差

在对产品进行战略地位分析(SPAN)时,区域内的产品应尽量多地进行战略地位分析,一是有利于明确区域产品结构的合理性;另一方面各个产品的战略角色定位的确定也为各个产品的营销策略提供依据。

6.3.3 产品之间的关系

区域内部各产品之间的关系,主要有竞争和互补两种。竞争关系是指两个或多个产品的目标客户群发生重叠,各产品为了扩大自己的市场份额,提高利润而产生一系列经营活动中互争的状态。互补关系是指两个或多个产品之间互相补充,能提高产品的功效,产生更大的经济效益。

明确区域内部产品之间的关系类别,可以采取不同的规划方案和销售策略。如果是互补关系的产品，就进行产品组合；如果是竞争关系的产品，就要采取产品分隔销售，分隔销售主要有渠道分隔销售、价格分隔销售和产品组合分隔销售。

例如：订书机和订书针属于互补关系，但不同型号的订书机可以在农村市场与城市市场进行区分。

6.4 区域产品规划

通过区域内各产品的定位和组合分析,确定本区域内各产品销售目标和发展方向,详细制订本区域及其子区域的营销策略,并利用"7、2、1"原则,确定本区域的产品、渠道和本区域的"7、2、1"。

6.4.1 区域内"7、2、1"规划

区域"7、2、1"规划是利用"7、2、1"原则对某销售区域内的产品、子区域和渠道三方面进行规划,目的是充分利用和分配该区域获得的资源,产生最大的经济效益,它是区域产品规划内容的基础,指导区域目标细分和产品战略角色定位。

1. 区域产品的"7、2、1"

区域产品的"7、2、1"是区域发展规划的核心内容之一,它有利于集中精力和资源拓展市场吸引力和竞争地位都高的产品。

对这三类区域产品使用"7、2、1原则",建议的资源配置行为是:70%的资源投入聚焦产品;20%的资源投入突破产品;10%的资源投入布局产品,如图6-3所示。

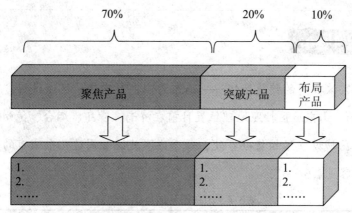

图6-3 区域产品"7、2、1"

2. 子区域"7、2、1"规划

一般对于较大的区域,都会有子区域的划分,例如,按照中国的行政区域划分,省级区域下面还有各市级区域,市级区域还包括各县级区域,不同的子区域由于地理位置、人口数量、经济发展水平等原因也会产生不同的销售特征,因此,有必要针对较大的市场销售区域进一步分析各子区域的战略地位,进行子区域"7、2、1"规划,优化区域资源配置,提高销售量。

对这三类子区域使用"7、2、1原则",建议资源配置行为是:70%的资源投入聚焦子区域;20%的资源投入突破子区域;10%的资源投入布局子区域,如图6-4所示。

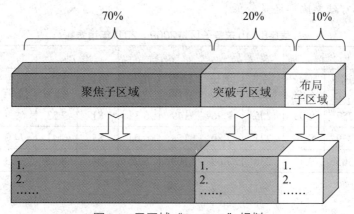

图6-4 子区域"7、2、1"规划

案例展示

以××公司的销售区域——山东为例,对它的子区域进行"7、2、1"规划。山东地区按照地理位置目前在济南、青岛、烟台、德州和济宁五个子区域设立了销售办事处,每个办事处统管周边几个城市的销售,详细内容见表6-7。

表6-7 山东子区域办事处划分

办事处	管辖范围
济南	济南、聊城、莱芜、淄博、泰安
青岛	潍坊、青岛、日照
烟台	烟台、威海
德州	德州、滨州、东营
济宁	济宁、菏泽、枣庄、临沂

统计这五个子区域2009—2011年的销售数据,见表6-8。在图6-5中发现山东区域的年销售额呈递增趋势,其中,济南和青岛办事处是主要销售区域,两地的销售额占总销售额50%以上,济南办事处销售额的增长率最大,连续三年保持在8%以上,其余四个城市办事处虽然增长率都保持在6%以上,但是受当地经济发展水平、人口数量等因素的限制,他们的销售额贡献率比率还是较低。

表6-8 山东各子区域2009—2011年销售额

年份	济南		青岛		烟台		德州		济宁	
	销售额/万	增长率/%	销售额/万	增长率/%	销售额/万	增长率/%	销售额/万	增长率/%	销售额/万	增长率/%
2009	257	8.03	205	7.96	149	6.35	81	7.33	69.0	7.04
2010	279	8.56	221	7.80	158	6.04	87	7.41	74.0	7.25
2011	305	9.32	238	7.69	169	6.96	94	8.05	80.3	8.51

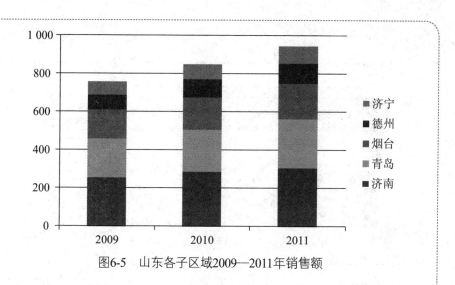

图6-5 山东各子区域2009—2011年销售额

利用SPAN(战略定位分析)对山东的各子区域办事处进行战略地位定位,如图6-6所示,并结合表6-8的2009—2011年的销售额、增长率统计结果,由于济南和青岛市场吸引力大并且有较大市场规模,因此作为"聚焦子区域"投入70%的资源;烟台市场吸引力很大,现有市场规模仅次于"7"类的子区域,作为"2"类子区域进行重点突破;德州和济宁由于市场吸引力和竞争地位都相对较弱,因此这两个子区域作为"布局区域",如图6-7所示。

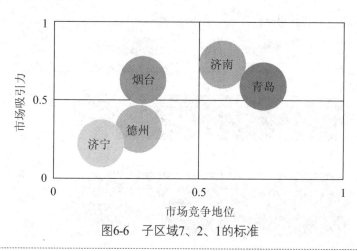

图6-6 子区域7、2、1的标准

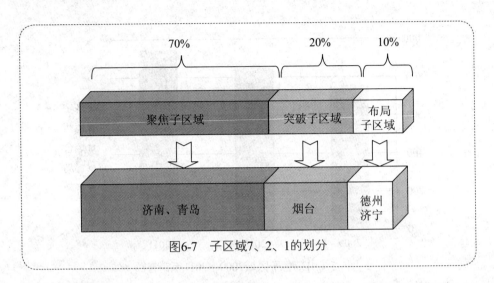

图6-7 子区域7、2、1的划分

3. 区域渠道的"7、2、1"规划

公司各销售区域具有不同的资源优势和劣势,其渠道开发状况不一定同总公司的"7、2、1"渠道相吻合,我们需要具体问题具体分析,对公司某销售区域的渠道的销售额、增长率、贡献度等指标进行计算,并在SPAN图上确定它们的战略地位,最终分析、规划本区域渠道的"7、2、1"原则。

对这三类产品渠道使用"7、2、1原则",建议资源配置行为是:70%的资源投入区域聚焦渠道;20%的资源投入区域突破渠道;10%的资源投入区域布局渠道,如图6-8所示。

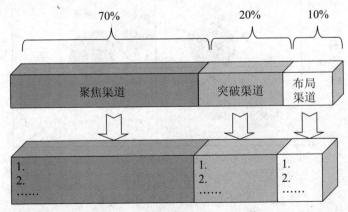

图6-8 区域渠道的"7、2、1"

6.4.2 区域目标细化

在第三章中我们从公司角度对各区域进行了战略分析、目标分配等,那么各区域将如何完成自己的短期、中期和长期目标呢?这一节,我们将各区域的目标分配到各产品、子区域和渠道等细分项目中。

明确了某销售区域的销售产品、子区域和渠道,并可利用SPAN(战略定位分析)和区域/渠道定级模型对他们进行定位,借助表6-9、表6-10和表6-11我们进行区域目标细化。将各产品/子区域/渠道按定位级别A、B、C、D由上到下排序,T代表今年的时间,T+1,T+2,T+3代表未来三年的时间,在每一年的下方列出相应细分项目的销售额、增长率和贡献率。其中,若以S_i代表某产品/子区域/渠道的销售额,μ_i代表它们的市场潜力指数,则

$$S_i = \frac{标杆销售额}{标杆市场潜力指数} \times \mu_i$$

标杆次年销售额 = 标杆今年销售额×本年度公司平均增长率

标杆销售额是指在本公司完成的相对较好的产品/子区域/渠道,增长率和贡献率计算方法在第四章已详细叙述,这里就不再说明了。

表6-9 区域目标产品细化

规划级别	产品名称	T+1年			T+2年			T+3年			平均增长率	平均增长率排名
		销售额	增长率	贡献率	销售额	增长率	贡献率	销售额	增长率	贡献率		
聚焦产品	产品A_1											
	产品A_2											
突破产品	产品B_1											
	产品B_2											
布局产品	产品C_1											
	产品C_2											
新产品	产品D_1											
合计												

表6-10　区域目标子区域细化

战略定位级别	子区域	T+1年			T+2年			T+3年			平均增长率	平均增长率排名
		销售额	增长率	贡献率	销售额	增长率	贡献率	销售额	增长率	贡献率		
聚焦产品	子区域A_1											
	子区域A_2											
突破产品	子区域B_1											
	子区域B_2											
布局产品	子区域C_1											
	子区域C_2											
新产品	子区域D_1											
合计												

表6-11　区域目标渠道细化

战略定位级别	渠道	T+1年			T+2年			T+3年			平均增长率	平均增长率排名
		销售额	增长率	贡献率	销售额	增长率	贡献率	销售额	增长率	贡献率		
聚焦产品	渠道A_1											
	渠道A_2											
突破产品	渠道B_1											
	渠道B_2											
布局产品	渠道C_1											
	渠道C_2											
新产品	渠道D_1											
合计												

本区域目标的产品/子区域/渠道的细化，都是预测或计划的销售额，需要与本区域产品的总销售目标相一致。本部分的内容由区域经理负责，各子区域的经理、推广经理、商务经理和销售经理等一起协商完成。

6.5 区域战略绩效管理

区域战略绩效是以区域战略为导向的绩效管理模式，促使企业在该区域的计划、组织、控制等所有管理活动全方位的发生联系并适时进行监控的体系。对公司各销售区域进行战略绩效管理有助于监控销售过程，并促进区域战略目标的完成。

6.5.1 区域战略绩效概述

区域战略绩效是指对企业的区域战略制订实施过程及其结果采取一定的方法进行考核评价，并辅以相应激励机制的一种管理方式。其活动内容主要包括两方面：一是根据企业在该区域的战略，建立科学规范的绩效管理体系，以区域发展战略为中心牵引该区域各项经营活动；二是依据区域绩效管理制度，对每一个绩效管理循环周期进行检讨，对经营团队进行绩效评价，并根据评价结果对其进行价值分配。

区域战略绩效是战略规划过程中的重要组成部分，对区域战略的规划、实施具有重大影响，主要体现在如下三个方面。

第一，明确区域战略目标。明确区域目标是为了能够制订对该区域战略形成有效支撑的绩效管理指标，牵引区域的各项经营活动始终围绕着区域战略来展开。

第二，建立区域战略绩效管理运作系统，可以落实责任机制。绩效管理运作系统主要包括绩效计划、绩效实施、绩效考核、绩效反馈等四个环节，即依据区域战略绩效管理制度对下一个业绩循环周期进行定期评估，并根据考核结果进行相应奖励。

第三，促进区域组织协同，包括纵向协同与横向协同。纵向协同是指区域目标、部门目标、岗位目标要保持纵向一致，即上下级之间的沟通与协同；横向协同主要是指跨部门的目标通过流程的横向分解，即平行部门或者平行岗位之间的沟通与协同。

6.5.2 区域战略绩效内容设计

传统绩效管理以财务指标为核心，这种体系以利润为导向，立足于对当前状态的评价，既不能体现非财务指标和无形资产对企业的贡献，也无法评价区域未来发展潜力，不能完全符合区域战略发展的要求，在管理和控制中并未充分体现企业的长期利益，无法在企业经营整体上实现战略性改进。

随着信息时代的到来，区域核心价值以及获得竞争优势不再体现在有形资产上，对于企业的销售区域亦是如此，企业价值基础来源由有形资源向无形资源改变。对于区域绩效管理，我们主要从财务指标、新业务比例、核心竞争力提升和区域管理水平这四个KPI指标进行考察。

(1) 财务指标指企业总结和评价该区域财务状况和经营成果的相对指标，可以揭示和披露该区域的经营现状，从而对该区域经济效益的优劣作出准确的判断和评价。但是，他们面向过去而不反映未来，不利于评价该区域在未来创造价值的能力。

(2) 新业务比例这个指标展示了区域目前的业务结构，它能扩大企业在该区域的影响，树立形象，不断提高、发展和完善过去已有的业务，它影响着区域的可持续发展，是区域实现跨越发展的巨大动力；故步自封没有前途，满足于过去没有希望。因此，该指标的权重比例不能小于20%。

(3) 核心竞争力体现了公司产品在该区域的市场竞争能力，是一个企业在该区域市场能够长期获得竞争优势的能力，是经得起时间考验的、具有延展性，并且是竞争对手难以模仿的技术或能力，是组织具备的能应对变革与激烈的外部竞争，并且取胜于竞争对手的能力的集合。

(4) 区域管理水平是企业在该区域的生产经营活动中进行组织、计划、指挥、监督和调节等一系列职能的总称。随着市场竞争的日益激烈，企业要想在各区域的市场竞争中立于不败之地，必须不断地提高区域管理水平，区域管理水平的高低影响着区域发展的方向与持续经营的时间，如何提高区域管理水平，是企业应予以高度重视并亟待解决的问题。

6.5.3 区域战略绩效框架

区域战略绩效框架主要介绍如何从财务指标、新业务比例、核心竞争力提升和区域管理水平这四个KPI指标进行计划。财务指标主要参考区域销售收入和增长率，权重为a_1；新业务比例从新产品在销售中所占的比例和新客户在销售中所占的比例两个方面考虑，权重为a_2；核心竞争力从产品、区域、渠道和客户群的收入及利润结构的合理性两方面考察，权重为a_3；区域管理水平从人均创利、人均成本降低和人员结构的合理性三方面考察，权重为a_4；且，其中：

$a_1+a_2+a_3+a_4=100\%$

$a_{11}+a_{12}=a_1$

$a_{21}+a_{22}=a_2$

$a_{31}+a_{32}+a_{33}=a_3$

$a_{41}+a_{42}+a_{43}=a_4$

对每一个评价指标及其细分项目我们根据公司整体情况设定评价标准，依据该区域各指标的具体表现进行评分，将评分分数与相应权重相乘，得出最后结果，具体表现形式可以参考表6-12。

表6-12 区域绩效考核表格

序号	区域级KPI		权重	区域绩效考核	得分	说明
1	财务指标	销售收入	a_1	a_{11}		评价区域的规模
		增长率		a_{12}		评价区域的利润和效益
2	新业务比例	新产品在销售中所占的比例	a_2	a_{21}		评价区域的可持续发展
		新客户在销售中所占的比例		a_{22}		
3	核心竞争力	产品收入及利润结构指标	a_3	a_{31}		评价区域的整体竞争能力
		区域收入及利润结构指标		a_{32}		
		渠道、客户群收入及利润结构指标		a_{33}		
4	区域管理水平	人均创利	a_4	a_{41}		评价区域的管理水平
		人均成本降低		a_{42}		
		人员结构的合理性		a_{43}		
	合计		100%	100%		

案例展示

以××医药公司上海办事处为例，运用区域战略绩效考核协助本区域战略目标的完成。该地区年平均增长率达到40.3%，到2015年计划突破亿元销售大关，达到1.049亿元。具体销售情况为2012年3 732万，2013年5 240万，2014年7 388万，2015年10 490万，见图6-9。

图6-9 上海办事处2012—2015年销售收入

该公司对各销售区域的绩效考核从财务指标(40%)、新产品增长(30%)、区域覆盖率(10%)、渠道结构合理性(15%)和人均产出(5%)五个KPI进行考核,评分标准见表6-13,上海办事处在未来几年将进入发展的快车道,2013年平均增长率达到40%;产品结构和渠道结构逐步合理完善;人均产出逐年增加,所以战略目标的考核得分比较高,参照评分标准依据上海办事处的实际情况对2012年上海办事处的销售绩效进行打分(如表6-14),达到0.78分。

表6-13 上海办事处战略绩效考核结果

序号	考核要素		权重	区域规划状况	得分
1	财务指标	销售额增长率≥40%	0.40	41%	0.40
2	新产品的增长	主推新产品的增长率≥50%	0.15	77%	0.15
		2012年新产品的贡献率≥15%	0.15	13.47%	0.05
3	区域覆盖率	地级市≥100%	0.07	地级覆盖率100%	0.07
		县级市≥70%	0.03	县级达到83%	0.03
4	渠道结构合理性	诊所、卫生院≥10%	0.05	1.30%	0
		医院渠道贡献率≥10%	0.05	8.30%	0.03
		商超贡献率≥5%	0.05	1.90%	0
5	人均产出高于公司的要求		0.05		0.05
	合计		1		0.78

表6-14　上海办事处战略绩效考核评价标准

序号	考核要素		评分标准
1	财务指标	销售额增长率≥40%	超过40%，得满分；35%~40%得0.3分；30%~35%得0.2分，≤30%者不得分
2	新产品的增长	主推新产品的增长率≥50%	超过50%，得满分；40%~50%得0.4分；30%~40%得0.3分，≤30%不得分
		2010年新产品的贡献率≥15%	超过15%，得满分；10%~15%得0.05分；<10%者不得分
3	区域覆盖率	地级市≥100%	达到100%，得满分；≤100%者不得分
		县级市≥70%	超过70%，得满分；≤70%者不得分
4	渠道结构合理性	诊所、卫生院≥10%	超过10%，得满分；7%~10%得0.03分；<6%者不得分
		医院渠道贡献率≥10%	超过10%，得满分；7%~10%得0.03分；<7%者不得分
		商超贡献率≥5%	超过5%，得满分；3%~5%得0.03分；≤3%者不得分
5	人均产出高于公司的要求		
	合计		合计得分不得低于0.70分

参考文献

[1] 迈克尔·波特. 竞争战略. 陈小悦译. 北京：华夏出版社，2005

[2] 迈克尔·波特. 竞争优势. 陈小悦译. 北京：华夏出版社，2005

[3] 克雷格·弗莱舍，芭贝特·本苏桑. 战略与竞争分析——商业竞争分析的方法与技巧. 王俊杰，沈峰，杨斌等译. 北京：清华大学出版社，2004

[4] 克雷格·S.弗莱舍，芭贝特·E.本苏桑. 商业竞争分析：有效运用新方法与经典方法. 叶盛龙，刘芷冰，范丽慧，丌旭文译. 北京：机械工业出版社，2009

[5] 唐纳德·R.莱曼，拉塞尔·S.温纳. 产品管理(第4版). 汪涛译. 北京：北京大学出版社，2006

[6] 默尔·克劳福德，安东尼·迪·贝尼迪托. 新产品管理：第9版. 王彬，徐瑾，翟琳阳译. 大连：东北财经大学出版社，2012

[7] 屈云波，张少辉. 市场细分：市场取舍的方法与案例. 北京：企业管理出版社，2010

[8] 周辉. 产品研发管理：构建世界一流的产品研发管理体系. 北京：电子工业出版社，2012

[9] 卢刚. 向华为学习卓越的产品管理. 北京：北京大学出版社，2013